人人都需要职场口才

杜延起 / 著

中国纺织出版社有限公司

内 容 提 要

有句话叫作"是人才不一定有口才，但是有口才必定是人才"。在激烈的职场竞争中，拥有好的口才往往能事半功倍。书中讲解了赞美、幽默、倾听等职场口才的练习方法，与客户、领导、下属、同事等不同职场人士的沟通技巧，以及在宴会、茶馆、咖啡馆等不同场合的说话技巧和社交礼仪。本书是作者多年深耕职场口才教学实践的成果，包含了丰富的演讲理论和方法，同时书中列举了大量拿来即可用的经典场景案例，具有较强的实用性和指导性，帮助职场人士快速提升口才，顺利实现职场进阶。

图书在版编目（CIP）数据

人人都需要职场口才 / 杜延起著 . -- 北京：中国纺织出版社有限公司，2024.1
ISBN 978-7-5229-0449-8

Ⅰ.①人… Ⅱ.①杜… Ⅲ.①口才学－通俗读物 Ⅳ.① H019-49

中国国家版本馆 CIP 数据核字（2023）第 052046 号

责任编辑：向连英　　　　特约编辑：武亭立
责任校对：高　涵　　　　责任印制：储志伟

中国纺织出版社有限公司出版发行
地址：北京市朝阳区百子湾东里 A407 号楼　邮政编码：100124
销售电话：010—67004422　传真：010—87155801
http://www.c-textilep.com
中国纺织出版社天猫旗舰店
官方微博 http://weibo.com/2119887771
鸿博睿特（天津）印刷科技有限公司印刷　各地新华书店经销
2024 年 1 月第 1 版第 1 次印刷
开本：710×1000　1/16　印张：14.5
字数：189 千字　定价：59.80 元

凡购本书，如有缺页、倒页、脱页，由本社图书营销中心调换

自序
会说话，赢职场

中国有句老话说得好，"一言以兴邦，一言以灭国"，这是我国古人给予能言善辩的人的最高赞誉。无独有偶，20世纪40年代，美国人把"口才"与"金钱""原子弹"并列为世界上生存和发展的三大法宝。

由此可见，"会说话"无论在古今还是中外，都是优秀人才必备的重要素质；而"不会说话"或者是"说不好话"的人在社会中的作用就像是一台发不出声音的音响，虽然在不停地转动，却丝毫无法引起别人的注意，甚至发出噪声让听众烦躁。

如今的职场更是如此。一个人从求职到晋升，从推销到谈判，从交际到办事……无不需要使用这种说话的能力。话说好了，小则使人听后愉悦，让大家都喜欢和你沟通；大则可以助力你升职加薪或成交大的订单，让你在职场游刃有余。而话说得不好，小则树敌，让同事反感你；大则职场失败，若干年总是停留在一个职位上，甚至频繁处于跳槽找工作的困境中。因此，也难怪有人将口才能力列为现代人必备的生存资本。

再者，职场是一个群体，仅凭个人力量根本无法实现企业团队的愿景。这就需要通过一种手段来将团队成员的力量凝聚起来，这种手段就是"沟通"。只有通过沟通，一个普通员工的意见或建议才能与他人交流；只有通过沟通，企业的管理者才能了解下情、下达命令、获得理解；只有通过沟通，员工才能与客户洽谈业务，并最终达成共识，促成交易……

单从个人的角度来讲，沟通的重要性也不言而喻。不能有效沟通，如何获得同事和下属的好感与欣赏？如何获得领导的认识和重用，如何升职加薪，进而实现自己的职场价值？

总之，一位优秀的员工，不仅需要具备出色的工作能力，而且还要掌握高超的沟通技巧，因为这是一个人人都需要职场口才的年代。一句鼓舞人心的话语，一个迷人的微笑，一个善意的眼神，或者节假日给客户打一个问候电话……这些都可以让我们获得更加广泛的理解与支持，让更多的人帮助我们成就职业生涯的辉煌。

本人通过长期研究，结合职场达人的沟通经验和智慧，不仅阐述了"沟通"的重要意义，而且从职场人士的立场出发，总结出与客户、领导、同事、下属进行沟通的技巧，此外还详细介绍了在不同场合（如宴会、茶馆、舞会等），以及使用各种工具（如电话、短信及微信等）与人进行沟通的方法。书中不乏新颖的观点，而且并未局限于空泛的论述，而是融入大量经典案例，具有较强的实用性和指导性。相信本书的出版，一定会帮助广大职场人士成为沟通高手，在职场上游刃有余，平步青云。

切记：人人都需要职场口才，你我他都不例外，它将贯穿并助力于你的整个职场生涯！

杜延起

2023 年 2 月 2 日于北京大学

目 录
CONTENTS

第 1 章
做职场中会说话的人

开口锻炼，敢说才会赢 002

练就魅力声音，为口才加分 005

适当停顿，让沟通更有力量 010

懂得赞美，让沟通更舒适 013

适当幽默，让谈话更融洽 020

学会倾听，让沟通更顺畅 027

职场晋升 tips1 032

第 2 章
与客户沟通的艺术

设计开场白，俘获客户心 034

激发客户购买欲望有妙招 038

会问才能掌握客户的需求 043

巧用数字，激起客户的好奇心 047

练就让客户喜欢你的口才 051

从容应对客户异议 057

职场晋升 tips2 062

第3章
与领导沟通的艺术

向领导汇报工作有诀窍	064
这样给领导提意见更有效	067
巧妙对领导说"不"	071
帮领导就是为自己加分	076
含而不露送赞语	080
与不同性格领导沟通的技巧	084
职场晋升 tips3	088

第4章
与下属沟通的艺术

用口才激励你的下属	090
如何委派任务与下达命令	094
轻松消除下属的抱怨与牢骚	097
化解下属矛盾有绝招	100
这样批评下属最有效	103
用好行为语言，赢得下属拥护	108
职场晋升 tips4	112

第 5 章
与同事沟通的艺术

掌握同事间说话的原则	114
让"感谢"成为职场习惯	118
如何说服意见不合的同事	121
给同事提建议有技巧	124
如何开口求助同事	129
这些职场话题是禁忌	133
化解与同事的矛盾	136
职场晋升 tips5	140

第 6 章
求职面试的沟通技巧

求职面试的沟通法则	142
碰到离职问题小心答	148
谈薪论酬有窍门	153
面试常见问题回答技巧	156
职场晋升 tips6	161

第 7 章
职场当众讲话的艺术

培养当众讲话的自信和勇气	164
设计好开场白摄人心	168
遇到突发事件巧处理	176
这样说才能调动听众的激情	183
这样的结尾最精彩	191
职场晋升 tips7	197

第 8 章
不同场合的沟通技巧

如何在宴会上介绍他人	200
宴会上的言谈举止	202
宴会上说话的戒律	205
这样劝酒最高明	207
说对话巧拒酒	210
招待好坏，全凭口开	213
参加舞会，尽显优雅风度	215
茶馆、咖啡厅的沟通礼仪	217
探视病人不可忽视的细节问题	220
职场晋升 tips8	223

第1章

做职场中会说话的人

好口才是打开人际沟通之门的钥匙。

开口锻炼，敢说才会赢

法国思想家蒙田曾在《随笔集》中写道：语言只是一种工具，通过它我们的意思和思想就得到交流，它是我们灵魂的解释者。这就是为什么总有人说无处安放的灵魂在游荡，其实这是你封闭自己的表现，因为你没有学会开口交流释放自己的灵魂。

能运用好语言这个工具，这种能力就叫作口才。这是一门很重要的艺术，从中可以体现一个人的人品、内涵和智慧，可以让我们在任何场合都能游刃有余。

作为一个初涉职场的年轻人，总是觉得自己口才不好，担心自己说错话，所以不敢主动和人沟通，给人的感觉就是不自信或者你这个人很傲慢……因此你不妨大胆一些，说出你的观点和看法，让同事更容易了解你、懂你。

诚然，好口才并非天生，即便是那些令人钦佩的"名嘴"或者演讲家，也都是通过后天的锻炼积累而成的。比如，美国历史上伟大的总统林肯先生，在他进入政坛之前立志做一名律师，可是他说话总是口吃，为此经常遭到别人的嘲笑。经过千百遍的练习，林肯终于成功了，不仅成为一位颇有名气的律师、演讲家，而且成为美国家喻户晓的总统。

天生的缺陷尚可以克服，何况我们这些正常人呢？大胆地张口说话，放开自己，坦诚心声，拓展我们的职场疆域。

好的口才需要锻炼,也需要你去和他人交谈。我们在不断地交谈中获得经验,从锻炼中掌握说话的艺术,这是一个永无止境的学习过程。随着社会不断变化,我们交谈的内容也发生着变化,所以说,好口才需要经常练习,不能自满,更不能故步自封。

德摩斯梯尼的父亲是富有的雅典公民,但在他7岁的时候就过世了。监护人肆意霸占他父亲留下的财产,等到德摩斯梯尼成年后,留给他的财产不及他应得的1/12。因此,他的童年很不幸。

为了夺回自己应得的遗产,他虚心向当时著名的演说家学习演说术,胜诉后成为一名律师,但他更希望成为一名出色的政治家。于是,他在30岁时开启了自己的政治生涯,直到逝世。

当时的雅典崇尚辩论,民众对演说者有很高的要求,无论是在法庭上、广场上抑或是公民大会上,随处可见激烈的"辩论赛",演说者任何一个不恰当的动作或者言论都会迎来民众的讥笑,甚至被轰下台,这种尴尬德摩斯梯尼碰到过很多次。

要想成为一名出色的演说家,首先必须"声音洪亮、发音清晰、姿势优美",这也是最基本的素质。但他天生口吃,嗓音颤抖微弱,还时不时伴随耸肩的小动作。在别人眼里,他根本就没有演说的天赋,更不可能成为一名政治家。

为了锻炼自己的口才,德摩斯梯尼下定决心开始了刻苦的学习和训练:

(1)抄写了古希腊历史著作《伯罗奔尼撒战争史》8遍,全书近60万字。

(2)虚心向著名的演说家学习朗读,请教发音的方法,并琢磨大师的演说技巧。

(3)把小石子含在嘴里,迎着大风和波涛讲话,用来改进发音。

(4)为了改掉气短的毛病,他一边攀登陡峭的山路,一边不停地吟诗。

(5)他在两肩上各悬挂了一柄剑或者秤砣,以便改掉耸肩的坏习惯。

(6)在家里装上一面大镜子,每天起早贪黑对着镜子练习演说。

（7）他把自己剃成阴阳头，以便躲在家里练习演说。

（8）通过研究古希腊诗歌、神话，背诵优秀的悲剧和喜剧，以提高文学修养。

德摩斯梯尼通过这些方法苦练近10年，最终成为雅典最具雄辩之才的演说家，他的演说词也成为古代雄辩术的典范。

由此可见，只有刻苦勤奋、坚持不懈地努力练习，才会获得令人惊奇和瞩目的成功。因此，我们不应该放过任何一次当众练习讲话的机会，特别是在职场中。

当我们参加某个团建、组织活动，或出席聚会时，不要躲在角落里刷手机，而要积极与人交流，勤奋地进行口才练习。比如，主动协助他人处理一些工作，尤其是一些需要到处求人的工作；在会议上主动发言，把自己的想法或别人的意见用自己的话说出来，这样就有机会展示自我，了解他人，工作起来才能更加顺畅。

苏格拉底曾说过："世间有一种成就可以使人很快完成伟业，并获得世人的认识，那就是讲话令人喜悦的能力。"会说话，说对话，决定了人们的沟通是否顺畅，甚至也决定了你是否能够成功，但前提是你得敢说话，勇于把握讲话的机会。否则，即使读遍所有的口才书，而不寻找机会开口练习，在职场中怎么会有口才上的出色表现呢？

练就魅力声音，为口才加分

一个人说话的语调、声音会给听者带来不同的信息。当你生气、惊愕、怀疑或激动时，你表现出的语调就不同于平常，声音的高低也各不相同。人们常常会从一个人的语调、声音来判断他是一个让人愿意亲近的人，还是一个不讨人喜欢的人。所以，平时沟通的语调、声音以及说话时吐字是否清晰，这些都是职场交谈时很关键的因素。

好声音更具说服力

一个好听的声音，会让他人记忆深刻，特别是有磁性的声音常常让人痴迷，自然也就提高了说服力。当年的闻一多先生就是用这样极具魅力的声音结束了最后一次演讲，那种浑厚、豪迈、激昂的声音响彻整个会场，让爱国人士听后激情澎湃，让反动派听后浑身颤抖。

当然，并非每个人都能像闻一多先生那样，用极具慷慨的声音去唤醒民众的心，不过好声音的确能使人说话倍增感染力和说服力。抑扬顿挫、优美动人的声音，对于他人来说，确实是莫大的享受。

从声音来看，有的人饱满圆润，悦耳动听；有的人却干瘪无力，嘶哑干涩。有的人吐字清晰，字正腔圆；有的人却发音不准，含糊不清。你也许会说，我们不是专业的歌唱家、演员和主持人。可是如果我们能将声音的魅力发挥到极致，那沟通的呈现力将大大增强，效果也大不一样。

比如，在逛街的时候听到一家店铺传出好听的声音，我们都会忍不住回头望，并且心中产生共鸣，给人一种特别舒适的感觉。反之，声音沙哑，让人听了不舒服，总有一种想逃避的感觉；声音太小，会让人觉得没有劲，没有感染力；声音尖而刺耳，会让人敬而远之。

因此，声音是我们的第二张名片。怎么说，说什么，决定着你的声音是否具有磁性与亲和力。

声音是我们一辈子都在用的工具，我们却很少去研究它。声音是可以改变的，持续不断的训练就能锻造好声音，前提是掌握了正确的方法。想要发挥声音的魅力，我们就要好好研究一下声音。

语调柔和动人心

从古至今，和气待人被视为一种美德，柔和的语言基调是最值得提倡的一种沟通方式。在职场沟通中，那些暴跳如雷、狂躁不安的语调，根本解决不了事情。

如今，社会竞争压力大，年轻人遇到事情总是爱冲动，说话时的腔调也会变得很生硬，这样很难被人接受，也就没有了沟通的有效性。反之，语调柔和、语言含蓄、措辞委婉，这样沟通对方会感到亲切和愉悦，交谈顺畅，效果自然更佳。

佛陀说话时，总是"言辞柔软，悦可众心"，说出的道理总能让大家接受。因此，一个语调柔和的人，可令众生心生欢喜；一个语调温和亲切的人，具有强大的感染力，能轻松说服对方。我们在职场与人沟通时，尽量语气柔和一点儿，缓慢一点儿，真诚一点儿，工作起来才会舒心，晋升机会才更多。所以，语气好的人，运气一定不会太差。

战国时，齐国发生了严重的灾荒，饿殍遍野。有个心地慈善的富人名叫黔敖，他准备了许多饭食，经常分发给路过的灾民。

一天中午时分，黔敖远远看见有个人一步一摇晃地走着。近前发现，这人饿得皮包骨头，步履迟缓，一只手勉强抬起衣袖蒙着脸，嘴里还不断地呻吟，看起来十分痛苦。黔敖未加思索，举着饭食大嚷道："喂！你过来，给你东西吃！"谁知这人竟停下脚步，双目怒视道："我就是饿死，也不会接受你这样侮辱地施舍！"

黔敖这才发现自己语气不当，急忙解释，但这个人坚决不肯接受，最终饿死了。

人和人之间的沟通产生误解，往往不是因为词穷，而是因为语气声调。语调不同，结果往往大有不同。语调生硬，轻则让人心生不满，重则可能生出怨恨；语调柔和，清楚地表达自己的见解，方能让人明白。

在说话时，要柔言谈吐，在造词用句和语气语调上应注意多使用谦敬辞、礼貌用语，多用一些褒义词、中性词，语气上要尽量委婉。

练好气，让声音有穿透力

气乃音之帅。一个人谈话的声音是否长久，就凭这一口气。在实际工作中，你会发现有些人开会时，连续讲上20分钟就有气无力，声音沙哑了，给人一种急功近利的感觉。可是有的领导开几天几夜的重要会议，连续的发言都不会出现沙哑，给人一种精力充沛、令人信服的感觉。要想让自己的声音持久有力，而且还不会累，那就得从练气开始。

有人说，我又不是靠声音工作的人，没必要练气。其实，这样的说法是错误的，一个拥有好口才的人，他们都会把气运用得自如。那么如何练气呢？

第一，我们必须掌握一项基本能力——腹式呼吸。绝大多数人用的是胸式呼吸。胸式呼吸是气息经过鼻腔进入身体，随后到达胸腔，短暂停留后原路返回，再经声带振动后呼出。这样的气息量是有限的。而腹式呼吸是气息经过鼻腔进入身体，要直达腹腔，这样进入身体的气息量是远远大于胸式呼吸的，所以呼出时，充沛的气息源源不断，身体就不会觉得累，声音也不会沙哑。

如何检验腹式呼吸呢？将一只手放在胸前，一只手放在腹部，当你吸气时，胸部凹进去，腹部鼓起来；呼气时，腹部凹进去，这就是腹式呼吸。

腹式呼吸，呼吸深长而缓慢，用鼻吸气，口呼气。请注意，吸气的时候全身放松，尤其是喉咙、肩部、胸部和腹部都放松。胸、腹部放松，两肋收，胸、腹部之间的横膈膜下降，这样气息才能不断下探，直到腹部下方的丹田位置。呼气的时候，身体尤其是声带继续放松，慢慢呼出气息，气息和声带尽量减少摩擦。你可以继续将一只手放在胸前，一只手放在腹部，以检验你的呼吸方式是否正确。

讲话时，不必刻意提高音量，只需专注于吸入更多空气，然后随着你的声音把它们释放出去。完全释放你的呼吸，它会和你的演讲与思想一起释放出来。腹式呼吸有一个口诀：

兴奋从容两肋开，小腹微收肩不抬。

扩展腰带七分满，不觉吸气气自来。

第二，训练肺活量。这里教大家四种训练的方式：

（1）五音练习法。建议找一个安静的地方，全身放松，深吸一口气，然后用腹式呼吸的方式发出5个音节，而且凭借一口气的气息，尽可能让发音时间变得更长。这五个音分别是A、E、I、O、U。一般人坚持的时间是30秒，而经过训练后，可以达到60秒以上。

（2）压腹数数法。躺在床上，自然是腹式呼吸，在腹部压几本书或其他物品，然后凭借一口气数数。

（3）跑步背诗法。边跑步，边背诗，可以快跑，可以慢跑，当然快跑肯定训练强度更大。可以开始时背五言绝句，其次背五言律诗，最后背七言绝句、七言律诗、古体诗、散文……难度逐渐加大。人在跑步大喘气的时候，如果还要背诗，那就必须是深呼吸，也就是腹式呼吸，不然气息不够用。

当然，除了数数和背诗，还可以增加难度，说绕口令，而且一句话说完，中间不许换气。

可以参考下面的绕口令进行训练：

出东门，过大桥，大桥前面一树枣。

青的多，红的少，拿着竿子去打枣。

一个枣，两个枣，三个枣，四个枣，

五个枣，六个枣，七个枣，八个枣，

九个枣，十个枣；十个枣，九个枣，

八个枣，七个枣，六个枣，五个枣，

四个枣，三个枣，两个枣，一个枣。

这是一段绕口令，一口气说完才算好。

（4）耳语练声法。什么叫耳语练声法？就是说话不出声，只说悄悄话。当你说悄悄话的时候，就是在气沉丹田，因为不需出声，所以也几乎用不到声带。所以这种方式即使你讲很长时间，也不会觉得嗓音沙哑，嗓子不会累，腹部会累。比如，你用耳语法讲道："各位同仁，过去的一年是疫情肆虐的一年，过去的一年也是硕果累累的一年。新的一年，新的愿景，新的计划，新的行动……"

耳语练声法，说白了，就是只出虚声，不讲实字，通过这种反复练习的方式养成腹式呼吸的习惯。在训练过程中，逐步加入实声，并最终完全实声说话。

这种练习方法就是要大家养成丹田用气、腹式呼吸的习惯，对声音的把控也可大可小，收放自如。这种方法不仅练气息，同时在不断说话的过程中，练习唇舌，练习口部肌肉，最终让我们的表达更顺畅。练气、练声、练字，这是有百利而无一害的练习方法。

适当停顿，让沟通更有力量

停顿是指在语句或词语间声音上的间歇、休止或中断。停顿是谈话中的"休止符"（"‖"），恰到好处的停顿往往能更有效地传达思想，表达感情。那些优秀的职场达人在沟通中，每到关键时刻，就会适当地停顿，延缓一下节奏，看看对方的反应如何，然后再继续他的话题。恰当的停顿，会给职场沟通带来事半功倍的效果。

可是，却不是所有人都敢于运用这个谈话工具。大部分人担心，他们如果停顿下来，会不会让听者误会是自己忘词了或者受干扰了？会不会被他人抢话？其实这个不必担心，你只要用音量、语速和声调做好铺垫即可，你也可以用身体和眼神暗示他们，你的停顿是有深意的。

苹果公司创始人乔布斯在iPhone产品发布会上这样说：今天我们将发布三款革命性的产品。然后介绍每一款产品的主题与特色。每当他提到一款产品的时候，听众就会兴奋地鼓起掌，睁大眼睛希望尽快看到那款产品。

而乔布斯把三款产品讲完后，等大家欢呼雀跃之后，他环顾四周，然后停顿了一下说："这不是三款产品，而是一款产品，那就是‖iPhone！"这时候听众都惊掉了下巴。

他的停顿吊足了听众的胃口，也带来了大大的惊奇，让每次发布会都很成功。

谈话中的停顿就像文章中的标点符号，不可或缺。

第一，当你需要强调时，为了强调你所说的某句话、某件事、某个人，故意在说这句话、这件事、这个人之前，停顿3秒。这3秒就是为了吸引听众眼球，吊足听众胃口，给他足够的期待。停顿带来的突如其来的震撼与前面所讲的突然提高音量效果异曲同工。

今天我给大家介绍一个非常厉害的地方，钢铁之都，太极之乡，三千年来从未改过名字，它就是‖邯郸！

第二，当你需要引导听众时，可以停顿一下，以便引起听众的共鸣。这个共鸣不是谈话者的自导自演，他一定要把听众带进来，跟随发言者的节奏，引导听众一起来思考。

给大家三点建议：第一是你要有Passion To Win……第二是什么呢？你要‖focus，聚焦积累10000个小时……第三是你要设立人生的‖标杆——role model……说到这里呢，‖我给大家讲一个发生在我身上的一个真实的故事。

"说到这里呢……"讲到这儿，你也可以略作停顿，让大家猜想和思考一下，然后从容不迫地娓娓道来。

第三，当你需要掌控会议全场时，可以停顿一下。特别是在开会中，如果大家交头接耳，议论纷纷，影响开会氛围时，这时你就可以适当地停顿一下，让与会人员自觉地安静下来，以达到"控场"的目的。

第四，当会场氛围浓厚时，可以停顿一下。当讲话到达精彩之处，全场出现热烈的掌声和欢呼声以及一些积极的回应时，发言者应稍作停顿，微笑着看着大家，给他们以良好的回应，等掌声、笑声、议论声结束后再演讲。这既是与大家的良好互动，也是对他们的一种尊重。

当然，如果大家的掌声、欢呼声和回应时间较久，我们可以双手或单手前伸，手掌朝下，轻轻下按，示意他们可以停下了，来掌控整个演讲的节奏。

当你讲话需要停顿时，涉及两种停顿方式：生理停顿和语法停顿。生理停顿是根据呼吸喘气的需要，对于一些长句，必须在不影响内容完整的前提下，做一次短暂的停歇。

虽然新中国已经成立多年了，爱国之心与日俱增。每当国庆之日，我们都万分感激‖和无限缅怀伟大的毛主席‖和敬爱的周总理等老一辈革命家！

生理停顿必须服从和服务于表达内容的需要，必须保证内容完整，不能随心所欲地停顿。

语法停顿是根据句子的内容和语法结构，也就是标点符号的位置做的停顿。有的句子停顿位置不同，得出的意思完全相反：

爸爸亲了我‖妈妈也亲了我。（意思是：爸爸亲了我，妈妈亲了我。）

爸爸亲了我妈妈‖也亲了我。（意思是：爸爸亲了我妈妈，爸爸亲了我。）

爸爸亲了我妈‖妈也亲了我。（意思是：爸爸亲了我妈，妈亲了我。）

以上三句话的文字一模一样，停顿的位置不一样，表达出的意思截然不同。听者是看不到标点符号的，他只能根据你的停顿来判断句子的意思，所以这个一定要注意。

懂得赞美，让沟通更舒适

"赞美是所有声音中最甜蜜的一种。"的确，在职场中，赞美可以使人心情愉悦，容易巧妙地化解沟通中的尴尬，是一粒职场"顺气丸"。

虽然我们每个人都想给予别人赞美，然而有时效果并不佳，原因出在哪里呢？事实上，并不是人们对于赞美无动于衷，而是我们不懂如何正确有效地赞美别人而已。大文豪萧伯纳曾说过这样一句话："每当有人吹捧我，我都头痛，因为他们吹捧得不够。"由此可见，赞美的高帽子是人人都爱戴的，关键是赞美的人能不能抓住对方的心理而已。

有一个厨师擅长做烤鸭，然而他的经理却吝于给他一句赞美，这让厨师感到很难过。有一天，一个客人发现烤鸭只有一条腿，就向经理投诉。经理很生气地让厨师解释是怎么回事，厨师笑着说："咱们养的鸭子本来就是一条腿啊！"经理自然不信，两人一起来到后院，只见鸭子都趴在地上休息，只有一条腿露在外面，经理一拍巴掌，鸭子吓得连忙跑了。经理生气地说："它们不都有两条腿吗？"厨师很镇静："经理，那是因为你鼓掌，它们才露出另一条腿的！"这时经理才明白厨师的意思。

每个人都需要赞美、需要精神鼓励，一个人在完成工作后总希望尽快了解自己工作的结果、质量、社会反馈，如果得到的是积极肯定，那么他工作起来就会更有信心。当然，赞美需要技巧，不仅要有诚意，更要讲究分寸和方法，以便让人乐于接受。

自然诚恳地去赞美

无论是直接赞美还是间接赞美，赞美的内容不能脱离实际，一切都要以事实为基础、发自内心的赞美。相反，你若无根无据、虚情假意地赞美别人，他不仅会感到莫名其妙，更会觉得你油嘴滑舌、诡诈虚伪。

某项目经理在练歌房唱歌时，跑调跑得厉害，最后连他自己都唱不下去了。他摆摆手说："抱歉！唱得跑调了，让大家不适了吧？不好意思！"谁知他手下的一个员工却马上说："唱得很好啊，简直和原唱不相上下。"经理听了，不但没高兴，还很奇怪地看了他一眼，然后不冷不热地说："我还是有自知之明的。"弄得那个员工十分尴尬。

所以，赞美别人，一定要出自真心，要真心实意地感觉到对方的优点并加以赞美。如果言不由衷，甚至牛头不对马嘴，那么这样的赞美有可能让人高兴一时，但不能长久地打动别人，甚至导致关系恶化。

而真诚的赞美不但会使被赞美者产生心理上的愉悦，还可以使你经常发现别人的优点，从而使自己对人生持有乐观、欣赏的态度。

赞美有新意，避免陈词滥调

我们在赞美别人的时候，一定要有新意，避免陈词滥调，语言要尽量具体细致，从别人没有发现的角度去赞美对方，这样才会让人觉得真实，如丝丝暖风，沁人心脾。

在日常交往中我们经常听到这样的赞美词："你这个人真好""你工作能力强"等。究竟好在哪里，强在何处，不得而知。这种赞美语显得很空洞，别人以为你不过是在客气、敷衍。

所以，在赞美他人的时候要热诚，善于变换角度，对别人没有发现的优点加以赞美。比如某个女孩子长得漂亮已是公认的事实，你要是发现这个女孩子长了一对可爱的小虎牙，你借此赞美她，那么她一定会非常开心。

一个人不见得会经常做出很显著的成绩。因此，要善于发现别人的优点，并不失时机地予以赞美。这样的赞美才能打动人心，因为这说明你在意对方，对他的长处和成绩都了然于心，他就能感觉到你的真挚、亲切和可信，你们之间的距离就会越来越近。所以，我们在赞美别人的时候，一定要避免那些陈词滥调。

1. 避免公式化赞美语言。

初入职场的年轻人很容易犯这种错误，自己没有太多与人交往的经验，见面就是久仰大名、百闻不如一见、生意兴隆等俗不可耐、味同嚼蜡的恭维。这种公式化的套词给人不冷不热的印象，使人感觉对方缺乏诚意，反倒给人一种你这人不值得深交的印象。

一个年轻人到同学家去玩，见到同学的哥哥后，为了表示亲近，张嘴就说："大哥你好，见到你真高兴！久闻你的大名、如雷贯耳、百闻不如一见！"没想到对方的脸从头红到脖子。原来，他同学的哥哥刚因打架斗殴拘留了15天。

这个年轻小伙子根本不明情况就用"久闻大名"这样的客套话恭维他人，却揭了对方的伤疤。

2. 避开鹦鹉学舌式赞美。

俗话说得好"别人嚼过的肉不香。"一些人在公开场合赞美别人时，自己不知道该如何去赞美，只会刻意模仿别人的赞美之言，这样的人永远不会被别人看好。

五代时，朱温手下就有一批善于拍马屁的人。一次，朱温与众宾客在大柳树下小憩，独自说了句："好大柳树！"宾客为了讨好他，纷纷起来相继赞叹："好大柳树！"朱温听了觉得好笑，又道："好大柳树，可做车头。"实际上柳木是不能做车头的，但还是有五六个人赞叹："可做车头。"朱温对这些鹦鹉学舌的人烦透了，厉声说："柳树岂可做车头？！我听人说秦时有指鹿为马的事，想不到你们也是这种迎合之人。"于是把说"可做车头"的人全抓起来杀了。

如果是在人多的场合，大家众口一词地赞美某人所说的一件事，就会使他陷入很尴尬的境地，越是最后几个赞美的，越让他感到厌烦。

3. 不要只夸赞别人的专长。

我们赞美别人的时候，总是会先去看对方的一技之长，赞美其专长。时间长了，被赞美的人听腻了，这样的赞美也不会让对方再兴奋起来。常言道：好话听三遍，听多了鬼也烦。

由此看来，陈词滥调或者夸大其词、无中生有的赞美只会让对方厌恶。由于赞美的直接目的是让对方心情愉悦，所以，赞美的语言一定要合理、有新意。

赞美细节很重要

现实生活中，并不是人人都有显著的成绩。因此，赞美的时候不能搞"假大空"，那样显得不真诚，令人反感。而从细节入手则可以避免这个问题，其关键就在于善于发现别人细微的长处，并拿准时机加以赞美。一般来说，赞美用语越具体，说明你对他越了解。让对方感到你的真挚、亲切和可信，你们之间的距离就会越来越近。

在这里要注意一点，避免含糊其词地赞美对方，说一些通稿式的赞美，比如"你工作得很出色""您是一位好领导"等话语，这样会让对方认为你是个溜须拍马之人，对你失去基本的信任。如果换成"你今天的 PPT 写得很棒，阐述的观点都很清晰，工作有条不紊""您每年都给我们家人快递新年礼物，有您这样一位温暖的领导，是我们员工之幸"，这样从细节上赞美对方，显得弥足真诚。

赞美要因人而异

赞美别人，不单单是花言巧语、甜言蜜语，重要的是根据对方的文化修养、个性性格、心理需求、所处背景、角色关系、语言习惯乃至职业特点、性别年龄、个人经历等不同因素，恰如其分地恭维、赞美对方。

1889 年，张之洞赴任湖广总督。新任伊始，适逢新春佳节，一派祥和的气氛。时任抚军的谭继洵为了结交张之洞，特设宴招待。刚开始，大家谈话很融洽，后来席间谭继洵与张之洞因长江的宽度而起了争论。谭继洵说五里三，张之洞认为是七里三，两人各持己见，互不相让。

眼见气氛紧张，火药味十足，席间谁也不敢出来相劝。这时位列末座的江夏县知事陈树屏说："水涨七里三，水落五里三，制台、中丞说得都对。"这句话给两人解了围，双方都抚掌大笑，并赏了陈树屏20锭银子。

陈树屏巧妙且得体的言辞，既解了围又使双方都有面子。这种赞赏就充分地考虑了听者的心理和当时的境况。

我们与同辈人交往时，可以把赞美的侧重点放在工作能力、个人思想和个人专长上；对长辈，应注重赞美其经验、成就和体魄；对领导，则要着重赞美其管理能力和对下属的体贴；对于商人，可称赞他的生财之道及独特的商业眼光；对于知识分子，可称赞他知识渊博、淡泊名利……当然这一切要依据事实，不可盲目虚夸。

雪中送炭的赞美

在工作中，最需要赞美的不是那些早已功成名就的人，而是那些因被埋没而产生自卑感或身处逆境的人。他们平时很难听到一声赞美的话语，一旦被人当众真诚地赞美，便有可能振作精神，大展宏图。因此，最有实效的赞美不是"锦上添花"，而是"雪中送炭"。

某小学有一个孤儿学生，由于没有人照顾，他每天都是脏兮兮地来到学校，作业不能按时完成，成绩在班上也是倒数第一，老师和同学都对他冷眼相待。

六年级的时候，班主任换成了一位年轻的女老师，她在第一天上课点名时叫到了这个学生，上下打量了他一番。当同学们都认为老师一定会责骂他的时候，老师却亲切地说："你在早晨打扫卫生区的时候非常认真，这一点值得我们大家学习，我们大家给他鼓励好吗？"

老师的赞扬让他非常兴奋，此后整个人都发生了很大变化，以后不但打扫卫生认真，而且也把自己弄得很干净，同学们也开始和他交往。慢慢地他有了自信，在学习上也更加刻苦，成绩迅速提高上去。

一句赞美的话，改变了他的一生。这样的赞美，不但能使对方愉悦，还能增强对方的自信心，使得他能够在面对困境的时候，也有动力去改变，最终能够获得成功。

间接赞美不简单

赞美分为两种，一种是直接的，一种是间接的。有时直接赞美别人，或许效果有限，这时不妨用一下间接赞美，或许能收到更好的效果。

很多精通于社交的聪明人都能善用这一技巧。他们知道要赞美一个人，当面赞美固然能起到作用，但背后赞美的效果更明显。因为如果我们当面说别人的好话，常常会被别人认为是在奉承、讨好他；然而在背后给予相同的赞美时，被赞美者就比较容易接受，也更容易领情。

《红楼梦》中贾宝玉是一个追求自由、受不得半点约束的人，史湘云、薛宝钗却用心良苦地劝贾宝玉好好学习，以后做官，贾宝玉对此大为反感，对着史湘云和袭人赞美林黛玉说："林姑娘从来就没有说过这样的混账话！要是她也说这些混账话，我早就和她生分了。"林黛玉此时恰巧走到窗下，听到了贾宝玉对自己的赞美，"不觉又惊又喜，又悲又叹"。之后贾宝玉和林黛玉二人互诉衷肠，更加亲密无间。

在林黛玉看来，贾宝玉在背后赞美自己，事先不知道自己会听到，因此这种赞美就一定是发自内心的。试想如果贾宝玉是当着林黛玉的面说这些好听的话，那么生性多疑的林黛玉一定会认为贾宝玉是在讨好她，由此对贾宝玉生出不好的看法。

设想一下，若有人告诉你，某人在背后赞美你，你肯定很高兴。

雷鸣要考注册会计师，偏偏一本专业书不见了，就跑去问副总，看他有没有这本书。副总找了找,说:"我没有,你可以去问问张总,他饱览群书、学识渊博,可能会有这本书。"雷鸣就来找张总借书。张总说:"我的专业是哲学,谁跟你说我有会计方面的书呢?"雷鸣就转述了副总的话,张总听了,高兴极了,此后对副总更加友好。

由此可见,背后赞美别人明显要比当面恭维的效果好得多。只要用法得当,找准时机,你完全不用担心所赞美的人听不到你的赞美。

适当幽默，让谈话更融洽

列宁说："幽默是一种优美的、健康的品质。"在职场中，我们经常会在一些场合遇到尴尬、争吵以及压抑的严肃氛围，在这种情况下，许多人不知道怎么处理，导致情况变得更糟。这时，幽默的语言就显现出它的魅力了，不但能帮你化解这些紧张，还有可能会消除一场误会，甚至得到意想不到的效果。

幽默是社交中的润滑剂

我们在人际交往中，尤其是刚刚踏入社会的年轻人，在和很多陌生人交谈的场合，有时适当地开个玩笑，说句幽默的话，不仅可以缓解紧张的情绪，活跃气氛，还能够拉近和他人之间的距离，增进和他人之间的感情。

一天，英国著名的文学家萧伯纳在街上行走，突然，被一个骑自行车的冒失鬼撞倒在地，幸好没有受伤，只是虚惊一场。骑车的人急忙把他扶起来，连声道歉，为自己的冒失感到自责，可是萧伯纳却惋惜地说："先生，你的运气真不好，如果你把我撞死了，你就可以名扬四海啦！"

萧伯纳的这一句幽默妙语表现了自己的大度，用自己的友爱和宽容，把自己和肇事者从这种尴尬、紧张的窘境中解放出来，使得这次事故得到了友好的处理。

幽默是人际关系的润滑剂，它能让你向别人展示自己的真诚和友善，使双方的相处更为和谐；在沟通中，能减少人们之间的摩擦，提高交往的质量。

幽默可以巧妙化解不友善

在生活中,总会遇到一些态度不是很友善的人,他们总会依仗自己某些方面的优势来攻击别人。面对这种人,易怒的年轻人千万不要冲动,要通过合理的手段来化解对方的敌意,从而建立良好的交往,以免陷入争执之中。

一个农民赶毛驴进城,路过一个城里人的家门口,这个城里人说道:"吃饭了吗?到家里来吃点。"

农民赶紧回答:"谢谢你的好意,我已经吃了。"

没想到这个城里人说:"我没有问你,我在和你的毛驴说话。"

农民二话没说,回身给了毛驴两个耳光,"出门的时候问你在城里有没有熟人,你说没有,现在有人请你吃饭,怎么回事?"

城里人问:"你在和谁说话?"

农民说:"我没和你说话,我在和驴说话呢。"

这个农民巧妙地运用幽默手法,借教训毛驴的机会,回击了对方的不友好。

人是群居动物,免不了互相之间要交往,而说话是沟通的桥梁。所以在交谈时,一定要注意言行,有时一个小小的口误都会把气氛弄得很紧张,如果能够运用幽默的方法来化解这些不必要的麻烦,就能和他人建立良好的关系。

幽默可以产生共鸣

幽默的语言会让人不自禁地笑出来,但是笑却不是幽默想要的结果。学会灵活地运用幽默,能够使你的语言深入人心,谈笑间达到感动他人的目的。

有一个工人,住在单位分的平房里。由于年久失修,每次下雨房子就漏雨,虽然多次向领导反映,但却一直没有得到解决。

一次,单位领导在过节时来慰问员工,问这位工人:"你家房子漏不漏啊?"

这位工人笑着说:"还行,也不是天天漏,只是在下雨的时候会漏。"一个月之后，这位工人的房子就修好了。

由此可见，用幽默的方式来表达思想，是一种高明的解决问题的方法，也是沟通的重要途径。幽默是一种表现机智诙谐的手法，是一种内在的境界，只有在生活和工作中不断地去学习和积累这方面的技巧和经验，才能做到吸引他人的注意力，从而打动人心。

把握幽默的分寸

幽默，是很棒的技巧，是说话中经常用到的武器，学会幽默不是一件容易的事情，虽然在面对一些情况时，幽默可以使你摆脱困境或者尴尬，但是使用幽默也要注意分寸，不能什么场合都用，要分情况使用；如果使用不当，不但达不到效果，还容易使自己陷入进退两难的境地。

在一次宴会上，有一位男士想邀请一位女士共舞。他怕场面尴尬，想说一些幽默的话来调节气氛。这时他对这位女士说："你好，冒昧地问一下，你结婚了吗？"

女士回答："没有。"

男人又问道："那么您有孩子吗？"

这位女士非常生气，立刻离开了这个地方。

男人很是尴尬，又去邀请另外一位女士跳舞。

男人问："请问您有小孩了吗？"

女士回答说："我有两个孩子。"

男士接着说："他们一定很可爱吧。我可以邀请您跳舞吗？"

这个女士欣然接受。

你看，这个男士在一开始说话时，不注意用语，乱说一气，导致对方的反感，接下来他改正自己的说话方式，把握分寸，对方也就愿意和他跳舞了。

下面是一些在使用幽默时的禁忌，一定要注意：

（1）不要拿他人的健康状况来说笑，哪怕是关系很好的人，以免引起误会、产生矛盾。

（2）在说有争议性的话题时，除非你已经了解对方的立场，否则不要拿这些事情开玩笑，容易把关系弄僵。

（3）不要拿别人的隐私来做谈资，那样很不道德，还会伤害他人的自尊。

（4）不要在公众场合说那些低俗的笑话，会引起他人反感。

所以，使用幽默一定要把握分寸，区分不同人的身份地位、文化以及阅历等，这样才能达到幽默的效果。

我们还要谨记使用幽默的原则，那就是简洁明快、简练得当、通俗易懂。只有掌握这些原则才能够掌握幽默的技巧，提高幽默的能力和水平。

掌握幽默的技巧

当我们在不同的场合、不同的情景、不同的人面前说话时，总是离不开幽默语言，幽默的语言技巧能够让谈话更为愉快。掌握幽默口才的技巧，是提高语言能力的一个必要手段，下面是一些适合年轻人在职场和社会生活中运用的幽默技巧。

1. 借坡下驴。

有时我们在一些场合下会很紧张，不知道该如何调节自己。当有人向你发难时，你可以顺着对方的话题继续说下去，不与对方做正面的冲突，借助对方给的坡，顺势而下，让自己摆脱困境。这就是所谓的"借坡下驴"幽默技巧。

有个年轻人初入职场，性格内向，不善言辞，见到生人就爱出汗。一次，新上任的领导约见他，他很紧张，全身直冒汗。领导见状说："你很热吗？给你打开风扇吧？"

这个年轻人灵机一动，顺口接着"出汗"这个话题说："我这个人真没出息，见了领导，除了指甲外，全身都冒汗。"领导听后会心一笑。

没想到，他的心情很快就平静下来了，汗也不冒了。以后在遇到相同的场合时，他都会找一两句幽默的话说。到后来，他也可以在众人面前大声说话了。

2. 寓庄于谐。

寓庄于谐的幽默技巧就是将本来很严肃的事情，运用玩笑话说出来，产生幽默的效果。这种方法在古人那里就得到了运用。

相传，汉武帝非常想长寿。一天，他与众大臣聊天，说到人的寿命长短时，汉武帝说："《相书》上讲，人中越长，寿命越长，若人中1寸长，就可以活到100岁。"

坐在汉武帝身边的大臣东方朔听后大笑起来，众大臣莫名其妙，都怪他对皇帝无礼。

汉武帝问他笑什么，东方朔解释说："我不是笑陛下，而是笑彭祖。人活100岁，人中1寸长，彭祖活了800岁，他的人中就长8寸，那他的脸岂不是要有一丈那么长了。"

汉武帝听了，想了想，也不禁哈哈大笑。

东方朔的说法使汉武帝消解了怒气，达到了劝服汉武帝的目的。寓庄于谐的特点就是能让一些不好说出口的话变得轻松容易让人接受，在表达庄重严肃的道理时能够使气氛和谐，不至于让场面尴尬。

3. 一语双关。

所谓双关，就是表面上说甲事物，实质上指乙事物，二者因有所关联而被幽默地曲解，从而产生反差，形成喜剧效果。

杰拉尔德·福特是美国第38任总统，他说话时常常喜欢用双关语，这让他的语言充满幽默趣味。

有一次，一位记者问他，他和林肯总统有何不同，他回答说："我是一辆福特，不是林肯。众所周知，林肯是美国很伟大的一位总统，又是一个高级的汽车品牌；而福特则是普通、廉价而大众化的汽车。"他的话刚说完，记者会心地笑了，没有再追问下去。

福特的这句话，一是表达了谦虚之情，二是暗中标榜自己是一位大众喜欢的总统，同时由于不是从自己的口中直接说出，所以避免了自吹自擂之嫌。

双关是幽默的常用方式，它温和而含蓄地表达出自己的态度，机智又不乏主见。它是"天真"与"理性"的巧妙结合，甚至能轻松帮你化解困境。

4.巧用反逻辑。

所谓反逻辑幽默法，就是指违背形式逻辑，不按常规去理解，从而突破原来的思维定式，给人意想不到的幽默联想。反逻辑幽默法违反了人们已经习惯的正常逻辑规律，让人在极度不和谐的感觉中体会荒诞和可笑。

英国首相丘吉尔颇富外交才能，幽默感十足。

在一次辩论中，一个女政敌气愤地对他说："如果我是你妻子，我一定在你的咖啡里放上毒药。"丘吉尔闻言，当即回答："如果我是你丈夫，我就会毫不犹豫地把它喝下去。"

丘吉尔的答话，看似不合逻辑却非常巧妙，其意思是说，如果对方是他妻子，他会感到莫大耻辱，宁可喝毒药而死。这样的回答比单纯的争辩和驳斥更强有力，而且出人意料，又在情理之中，让人忍俊不禁。

5.就地取材。

幽默本就是一种艺术，而最高明的幽默应该是就地取材，巧妙响应，不着痕迹的。恰如风行水上，虽然看不到风，却能看到涟漪，让人觉得心旷神怡，会心一笑。

一位议员参加总统竞选。一天，他到一个村子里去演讲，当演讲刚刚进行到一半的时候，遭到了反对他的人的攻击，好多人向他投去烂西红柿等农产品。

议员面对这样的情况，并没有发怒或者是离开，而是神态自若地擦掉身上的东西，笑着对农民说："也许我还不了解你们的困境，但是如果能够得到你们的支持当上总统的话，我肯定有办法解决你们农产品卖不出去的问题。"

正面对抗或者回避挑衅,往往会使矛盾升级或交流发生中断,而运用就地取材的幽默手法,不仅可以巧妙地化解对方的攻击,还能使自己的形象高大起来,增加别人对你的好感。

学会倾听，让沟通更顺畅

倾听是一种美德。古希腊先哲苏格拉底说："上帝给了我们两只耳朵、一张嘴巴，其用意就是让我们少说多听。"寥寥数语，形象而深刻地说明了"听"的重要性。善于倾听，才能做个社交高手。

在职场中，很多人自我表现的欲望比较强烈，特别是初涉职场的年轻人，总认为口若悬河是表达自我的唯一途径。其实，和那些口若悬河、高谈阔论的人相比，懂得倾听艺术的人才是真正的沟通高手。他们经过认真地聆听，准确地获得对方的信息，避免了因为缺乏交流而产生消极影响。

因此，要想在职场赢得良好的人际关系，就要学会倾听。只有学会倾听，才会尊重对方，才会把握主动，才会达到通过语言来搞好人际关系的目的。

职场中"听"比"说"重要

职场是个很容易惹是生非的地方，人们常常因为一句不认真的话而让自己惹上麻烦。如果一个人能谨言慎行，学会倾听，他必将赢得更多人的认同，减少人际关系中的麻烦。

人们常说要用耳朵听话，用嘴巴沟通，根据对方说什么，我们再顺着他的话进行交流。事实上，我们要用脑子听话，用眼神沟通，要通过眼神和脑子来听出对方的弦外之音。

在销售过程中，许多销售人员尤其是那些经验不足的销售人员，更倾向于

"说"而非"听",认为只有"说"才能说服客户购买。事实上,客户更愿意听到自己的想法,而且客户的需要、期望都是通过"听"得到的。若能认真倾听,就会明白客户的期望,也会改变客户的态度。

乔·吉拉德是世界上最伟大的销售员,连续12年荣登吉尼斯世界纪录全世界销售第一的宝座,他所保持的世界汽车销售纪录:连续12年平均每天销售6辆车,无人能破。

乔·吉拉德曾有过一次非常深刻的工作体验。有一次,一位名人去他那里买车,吉拉德推荐了一款最好的车型给他。那人对车很满意,并掏出了10000美元的现金,眼看这桩生意就要成了,但没料到的是对方突然改变主意离去。

因此,吉拉德懊恼了整个下午,他始终想不明白。终于到了晚上11点,他忍不住给客户拨通了电话:"您好!我是吉拉德,是今天向您介绍车的那位销售员,我疑惑的是,眼看您就要买下,为什么却突然间改变主意了呢?对于您的做法我不太理解。"

"喂,你知道现在是几点了吗?"

"非常抱歉,我知道现在确实很晚了,我为这件事检讨了整个下午,但是始终想不出自己哪里错了,因此我必须向您请教一下。"

"真的吗?"

"肺腑之言。"

"很好!你现在是在用心听我讲话吗?"

"那是当然。"

"但是我感觉下午我讲的话你根本没有用心在听。在我签字之前,我提到我的孩子即将进入密歇根大学,我还跟你说到关于他的成绩、运动能力以及他将来的抱负,我以他为荣的时候,你却没有一点儿反应。"

以上案例的结果为什么是这样呢?主要是当时吉拉德认为已经谈妥了那笔生意,他已经放松自己,无心听对方说什么,这就是导致吉拉德失败的原因:

要知道，那人除了买车之外，更希望听到的是对方称赞自己优秀的孩子。

对于一个销售人员来说，最重要的一件事情，就是做一位好的听众，在沟通中真正地了解到对方想听什么，真正需要什么，从而满足对方的心理需求，从而达到双方都满意的效果。

我们该如何倾听

伊萨克·马克森可以说是世上一等的名人访问者，他曾经这样说过："很多人不能给别人留下很好的第一印象是因为没有认真听别人讲话。他们太关心自己要讲的下一句话，而不打开他的耳朵。一些大人物告诉我，他们喜欢善听者胜于善说者，然而善听的能力，似乎比其他任何的物质还要少见。"其实，不仅仅是大人物喜欢善听者，我们普通人也同样。"有许多人去找医生，然而他们真正所需要的仅仅是一名听众而已。"

倾听的关键，就是要善于在倾听中做出"我正在努力倾听，我对你的话很有兴趣，继续说吧"的态度，并通过表情、动作、语言，向对方传达你的想法。

1. 集中精神，神情专注。

集中精神，目视对方，才能表达出你的尊重和饶有兴趣。看向别处，低头不语，或者做一些小动作，可能说明你对此次谈话不屑或不感兴趣，这会让对方感到很尴尬。

销售员李如，因为常常熬夜导致精神不济。在拜访客户时，有时候精力不能集中。一次，当一位客户在谈论自己的产品要求时，李如情不自禁地连着打了好几个呵欠，客户很生气，觉得李如有意怠慢自己，一拂手就走了。李如想解释，但客户根本听不进去。

集中精力、认真倾听，能表现出你的诚心和真心。每个人都愿意和重视自己的人交往，所以倾听时请注意再专注一些。

2. 自然的倾听姿态。

适当的倾听姿态可以为倾听加分，如果僵硬地只保持一种姿态，会让人觉得很僵硬、很尴尬，甚至草草结束谈话。

倾听的姿态可分为如下几类：

（1）身体反应。如微微点头，靠近对方，身体前倾等。这些表现暗含的是肯定性鼓励，表示自己对对方的谈话兴趣盎然。

（2）恰当的姿势。如直接的面对面姿势、手托下巴、微欠上身、适当点头等，这说明对谈话有兴趣。一般说跷二郎腿、抱着双臂、身体后仰、扭转头颅、背向对方等，则表示对别人不友好。

（3）丰富的表情。微笑面对，会鼓励别人说得更多、更深入。目光呆滞，表明你对谈话不感兴趣；而视线转移，则说明你心不在焉。眼光接触，既表示对对方的尊重，也能从其眼神中读出更多的言外之意。

3.给予适当的反馈。

交谈是一种互动，提倡多听不是让倾听者只做"听"这一个动作。听的过程应该伴随着表情、眼神、动作、姿势等，来给对方一个反馈，让对方更有兴趣和动力讲下去。

比如，赞同时点点头，感觉有趣时笑一下，感到不解时皱皱眉头等，都是可以的。丰富的表情和动作可以让你更有魅力，也显示了你在认真倾听对方的谈话内容。如果对方兴高采烈、慷慨激昂，你却冷若冰霜、一脸僵硬，那对方肯定会觉得你冷酷无情或者没有情调，哪里还能继续谈下去呢。

一位名人说过，最大的悲哀不是许多人咒骂你、抵制你，而是你说的一切、做的一切既没人赞同也没人反对。这其实说的也是反馈的重要性。所以在社交谈话中，勿忘反馈。这既是对对方的尊重，也是一种做人的美德。

4.听出言外之意。

倾听不但要经过耳朵，也要经过大脑。只有这样，才能听出言外之意。

社交中，出于羞涩、礼貌等原因，很多话对方不宜直说，如果你也只听表面意思，而不用大脑分析，那就会把事情办糟。

美国知名主持人采访一个小朋友，问他说："你长大后想要做什么呀？"

小朋友天真地回答："我要当飞机驾驶员！"

主持人接着问："如果有一天，你的飞机飞到太平洋上空时所有引擎都熄火了，你会怎么办？"

小朋友想了想，说："我会先告诉坐在飞机上的人绑好安全带，然后我挂上我的降落伞跳出去。"

在场的观众笑得东倒西歪，孩子却两行热泪夺眶而出。

主持人没有笑，继续注视着孩子，问他："你为什么要这么做？"

孩子的答案是："因为我要去拿燃料，我还会回来的！"

要学会倾听，用心听，虚心听，听话更不能听一半，还要听出言外之意。一个不懂得用心倾听的人，无论在生活中还是职场中，肯定会处处碰壁。

5.用你听到的内容进行简单概括。

听完别人说话之后，最好是将对方所说的话进行简单的概括，可以用"还有吗？""然后呢？""为什么会这样？"并且重复给对方听，以显示出你在用心听对方说话，而且在和他一起思考，这样做会让对方觉得自己找到了知己，找到了一种心灵上的共鸣。

6.坚持把话听到底。

有的人认为自己有能力在别人把话讲完前就能找出问题所在，而事实上，如果你反应太快，对方就会觉得话不投机，从而使你有可能漏掉寻找最佳解决办法所需要的有价值的信息。因此在倾听时，不要急于下结论，不要让自己的偏见影响你，而是全面准确地接收信息。

职场晋升 tips 1

🎤 我们不应该放过任何一次当众练习讲话的机会，特别是在职场中。

🎤 人在职场，一定要学会适当的停顿；在与人沟通时，也要学会适当停顿。

🎤 最有实效的赞美不是"锦上添花"，而是"雪中送炭"。

🎤 背后赞美别人明显要比当面恭维的效果好得多。

🎤 如果一个人能谨言慎行，学会倾听，他必将赢得更多人的认同，减少人际关系中的麻烦。

职场有逻辑
老杜带你聊

第 2 章

与客户沟通的艺术

语言是与客户沟通的媒介和开端,关系到营销活动的成败。

设计开场白，俘获客户心

推销就是用你的口才说服别人购买你的商品，要想成为一个好的销售人员并不是一件轻松的事情。要达到接近客户的特定目的，作为销售人员来说应该明白开场的几句话是极其重要的，它可能只有短短 30 秒的时间，但却关系到你推销的成败。

"万事开头难"，开篇一席话，既要创造良好的谈话气氛，又要尽可能多地了解对方，洞察对方的内心世界，有针对性地开展推销活动，这是销售中的难点。所以，开场白的设计要简单，要用最简洁的话将你要说的核心内容表达出来。

以利动人法

现在是商品经济时代，人们处处言商，而"利"则是核心之中的核心。只要你在职场上，恰到好处地在这个"利"字上把握分寸，重点突出，相信话不需多，也会卓有成效。

"李厂长，假如你们厂每条生产线都安装上我们公司高精密度自动控制系统，那你们厂产品的一等品率将由现在的 85% 上升到 98% 以上，每天可增加经济效益 3 万元，所以你晚一天购买，就意味着你每天要白白扔掉 3 万元钱。李厂长，早买早受益呀！"

像这样以"利"动人，"李厂长"能不动心吗？

自信开场法

好的推销技巧是要让你的潜在客户对你及你的公司和产品充满信心。我们将它扩充为：假如一位客户对这三者都保持信心，那么达成这笔交易便易如反掌。

汤姆·詹姆士公司是一家服装订制公司，主要是针对企业与专业人士的需要，上门或办公室为客户提供全套高品质的男士服装。他们的这种服务有一个最大优点，就是可以为客户节省时间，让他们无须外出便可以购买服装。

他们对潜在客户说的第一句话是："先生您好，我之所以到这里来，是要成为您的私人服装设计师。我知道，如果您从我这里买衣服，那是因为您对我、我的公司或我的产品有信心。为此，下面让我来自我介绍一下：我在这一行已经干了很长时间，因此，我十分自信我可以帮您挑选出适合您的衣服，而这项专业服务是完全免费的。"

他继续说："我们公司在这一行业发展已有28年时间了。自开业以来，我们每年以超过20%的比例成长，而且在每月的销售中，有70%～80%来自老客户。我们公司保证向客户提供所有的服装需求。在这一行业里，我们公司一直是最好的。当然只有您和其他的客户才能判定我们是否最好。我可以很自信地说，只要您试一试，就会发现我们是不是最好的。"

"当然，您也可以从其他的厂家买到类似的服装，但是当您以差不多的价格买下我们公司的产品时，便可以获得一套超高品质的服装。在与其他公司的产品相去不远的价格之下，不论是西装、运动外套、裤子、衬衫或其他任何产品，我们都有品质保证，因为这正是我们的优势所在。"

最后不忘附加一句："先生，截至目前，您的感觉如何？"

多年以来，汤姆·詹姆士公司一直是使用这套说话术作为开场白的，而且总是能够触发正面的回应。他们坚信，即使客户早就对公司与产品保持信心，他们也必须让客户对他们本人产生信心，否则达成这项交易的概率便大为降低。

制造某种程度的信心，会影响客户做出正确决定的能力。

问题接近法

运用这种开场白时，所问的问题必须能跟顾客的兴趣直接挂钩，并能够导入你的推销活动。在运用问题接近法时，所提问题应是对方最为关心的。提问必须明确、具体，不可含糊不清、模棱两可，否则便难以达到接近的目的。

美国某图书公司的一位女销售人员总是从容不迫、平心静气地以提出问题的方式来接近顾客。"如果我送给您一套有关个人效率的书籍，您打开书发现内容十分有趣，您会读一读吗？""如果您读了之后非常喜欢这套书，您会买下吗？""如果您没有发现其中的乐趣，您把书重新塞进这个包里给我寄回，行吗？"

这位女销售人员的开场白简单明了，使顾客几乎找不到说"不"的理由。后来，这三个问题被该公司的全体销售人员所采用，成为标准的接近顾客的方式。

好奇开场法

这是利用客户的好奇心理达到接近目的的方法。在与客户见面之初，销售人员可通过各种巧妙的方法来唤起其好奇心，引起其注意和兴趣，然后把话题转向推销品。

"您知道一年只花几块钱就可以防止火灾、水灾和失窃吗？"保险公司销售人员开口便问顾客。对方一时无以应对，但又表现出很想得知详细介绍的样子。销售人员赶紧补上一句："您有兴趣了解我们公司的保险吗？我这儿有20多个险种可以选择，其中肯定有一个适合您。"

现代心理学表明，好奇是人类行为的基本动机之一，人们的许多行为都是由于好奇心驱使的结果。好奇开场法正是利用了人们的好奇心理，引起买方对推销品的关注，促使推销面谈顺利进行。

所以，作为销售人员应该设身处地站在顾客的立场来问问你自己，为什么他们应该听你的，为什么他们应该将注意力放在你的身上。记住，你的开场白只有 30 秒。好的开场白应该会引起顾客的第二个问题，当你花了 30 秒的时间说完你的开场白以后，最佳的结果是让顾客问你，你的东西是什么？每当顾客问你是干什么的时候，就表示顾客已经对你的产品产生了兴趣。如果你花了 30 秒的时间说完开场白，并没有让顾客对你的产品或服务产生任何好奇或是兴趣，而他们仍然告诉你没有时间或是没有兴趣，那就表示你这 30 秒的开场白是无效的，那你就得赶快设计另一种方式来代替了。

激发客户购买欲望有妙招

购买欲望是指客户购买商品的动机、愿望和要求,它是使客户的潜在购买力转化为现实购买力的必要条件,也是构成成交的基本因素。作为一名业务员,尽管你的产品物美价廉,好得无可挑剔;尽管我们口若悬河,说得天花乱坠,但如果不能激发客户的兴趣,客户对产品不屑一顾,对我们的言行置若罔闻,销售工作最终仍然是失败的。那么,我们该如何激发客户的购买欲望呢?下面介绍几种简单的沟通方法。

对症下药法

顾客不想买我们的商品时,有时候会说出不想买的原因。这时候可以针对原因对症下药。这副"药"一定要一针见血,即通过一句简短的话就说得顾客心里高兴。比如顾客有自卑心理时,我们可以采用赞美法;顾客心情郁闷时,可以采用幽默法;顾客听不明白时,要将道理说到点子上。

有位农村老太太去商店买布料,售货员小雨迎上去打招呼:"大妈,您要买布啊?您看这匹布怎么样,颜色好看又结实。"老太太听了并不高兴,反而嘟囔着说:"要这么结实的布有啥用,穿不坏就该进棺材了。"听到老太太这样的话,小雨一下子愣住了,幸好她头脑机灵,略一思索又笑呵呵地说:"大妈,看您说到哪儿去了。您身体这么结实,再穿几百件也没问题。"一句话说得老太太心中发热,不但兴高采烈地买了布,还直夸小雨长得漂亮。

这位农村老太太开始不想买的原因是存有自卑心理，担心自己的身体状况。售货员小雨用"身体这么结实"这句赞美之词，激发了大妈的购买欲望，于是顺利成交。

表演示范法

为了激发客户的购买欲望，推销人员应该学习一定的表演技巧。比如，有的菜馆设有小型烹饪工作台，并将其安置在客厅，然后由厨师现场操作表演烹饪手艺，以此来吸引消费者对菜肴的兴趣，其宣传效果极佳；一个起重机推销员，为了向顾客说明他的起重机操作简便省力，让一个小学生在众多客户面前现场操作机器；一名销售洗涤剂的推销员，为了吸引客户的注意力，在自己的衣服上倒了浓黑的墨汁，随后涂上洗涤剂冲洗干净，他边做边讲，激起了观众的兴趣及购买欲望。

推销员在表演中穿插一些戏剧性的内容，会更好地增强示范表演的艺术效果。

有一位儿童玩具推销员每次表演时，总是将一个沙漏放在顾客面前来计算时间长短。表演时，他对顾客说："这种儿童车拆装简单，不信的话，我给大家演示一下，如果沙子漏完之前我没有拆装好，就送给在场的朋友一人一套。"

毫无疑问，这种方法必然会引起顾客的兴趣，推销效果非常好。

体验示范法

所谓体验示范法，是指在沟通、推销过程中让顾客亲自接触，直接体验商品给他们带来的好处与利益。

比如，我们要把新式自行车推销给客户，为了激发顾客对新式自行车的兴趣，不妨在现场放置一辆新车，让顾客骑上兜几圈，亲自体验一下骑新车的美妙感觉。只要产品没有质量问题，而且的确有其独特的优势，顾客是很容易产生购买欲望的。

在让顾客与产品亲密接触时，销售员适时做一些指导性的提示，效果就更好了。比如，顾客试骑新自行车时，一旁的销售员可以提示：

"骑快一点儿，对，你看这车多么轻巧。"

"试试刹车，瞧，多么灵敏，而且连一点声音都没有。"

"怎么样？您对它满意吗？我已经卖了好多辆了！"

体验示范不仅可以引起客户对产品的浓厚兴趣，还可以从中观察客户的反应。如果条件允许的话，作体验示范的销售员应尽可能与顾客朝向一个方位，而不是面对面站立。因为前者会让他感觉到你和他"处在同一条战线上"，具有合作的意向；后者使人感觉到你与他"站在对立面上"，暗示着与他对抗。当顾客对商品持否定态度时，他们一般会中止体验。反之，在体验过程中顾客暂时对产品拥有使用权，兴致浓厚，乐此不倦，则意味着对推销一方很有利，这时说服顾客购买就大有希望。

设置疑问法

如果顾客看完我们的产品后并不想购买，即使向其讲述该产品同其他产品相比，质量如何如何好，价格如何如何低，顾客是听不进去的。这种情况下，我们可以使用"设置疑问"的沟通方法，来激发顾客的好奇心和购买欲望。

在一次商品交易会上，孙女士来到一个摊位前，拿起一张产品说明书看了起来。推销员小林走过来说："您想买什么？"孙女士摇摇头，说："这儿没什么可买的。"

小林接着说："是呀，别人也说过这话。"

孙女士听了没说什么，准备转身离开。这时小林又微笑着说："可是，他们后来都改变了看法。"

"噢，为什么？"孙女士有些好奇了。

于是，小林向孙女士解释了原因，然后又介绍产品的质量、价格和特色。

最后，孙女士欣然购买了小林推荐的产品。

在上面的例子中，小林在孙女士不想买的时候，没有直接向其介绍该产品的情况，而是设置了一个疑问："别人也说过没有什么可买的，但后来都改变了看法。"从而引发了孙女士的好奇心。最后经过一番沟通，顺利成交。

第三人效应法

第三人效应，是一种由于第三人出现而形成的引人注意、强化事物、扩大影响的效应，比如名人或者熟人。第三人效应已经在生活中的方方面面产生深远影响，比如名人代言广告能够刺激消费，名人出席慈善活动能够带动社会关怀弱者等。作为一名职场销售人员，如果恰当地将第三人效应应用于与客户的沟通实践中，将会取得极佳效果。

李琦来到一家公司，向公司员工推销人寿保险。开始的时候，大家都反应冷淡。

李琦看出"准客户"的心思，不痛不痒地说："其实买不买无所谓，大家只是随意聊聊。不过有5位明星买了我们公司的人寿保险。此外，你们公司的董事长和总经理也买了我们的人寿保险。"

李琦的话引起了大家的兴趣："噢，我们公司经理那么精明能干，他们都买你们的人寿保险？看来你们的人寿保险不错，我们也买吧。"

李琦没有做太多的工作，只是采取了一个小小的沟通技巧，用一句话就激发起客户的购买欲望。由此可见，推销人员话不在多，而在于抓住客户的心理，并且说到点子上。

从客户的兴趣和爱好入手

销售人员在上门推销时，面对的都是陌生人，而且他们还有求于这些谈话对象。选择合适话题、缩短与顾客之间的距离，使自己逐渐被顾客接受，然后把话题引向自己的商品，从而开始商谈，这才是成功之道。

有一位著名的棒球运动员，在球场上是一个难以攻破的堡垒。他在某保险公司销售人员的眼里也被当作一个难以攻破的堡垒。因为他对保险、投保之类的事根本就不感兴趣，而且对销售人员很反感。

有一天，销售人员杰克来拜访他。与别的销售人员不同的是，进门后，杰克并没有对保险进行宣传，而是以一位相当在行的热心球迷身份来倾听对方大谈棒球。他的倾听、他的插话、他的问题和那些简短的议论，都给这位职业球员留下了深刻印象。交谈在热烈的气氛中进行，在一个适当时刻，杰克向球手提出一个关键的问题："您对贵队的另一位投手利里夫的评价如何？"

"利里夫，正是有了他，我才能放手投球的，因为他是我坚强的后盾，万一我的竞技状态不佳，他可以压阵。"

"请原谅我打个比喻，您想过没有，如果把您的家庭比作一个球队，您家里也有个利里夫。"

"利里夫，谁？"

"就是您。"杰克谈锋正健，"您想想，您的太太和两个孩子之所以能放手投球，换句话说，能无忧无虑地生活，就是因为有了您，您是他们坚强的后盾和幸福的保证。所以您好比他们的'利里夫'。"

"您的意思是……"

"请您原谅我的直率，人有旦夕祸福，万一您有个不测，我们就可以帮助您、帮您的太太和孩子。这样，您就可以更放心地驰骋球场，绝无后顾之忧。所以，从这个意义上说，我们也是您的'利里夫'。"

至此，棒球运动员才想起他的对话者的身份，然而他被感动了，这笔生意当场就拍板定案。

在这个例子中，杰克就很善于选择交谈方式和谈话内容，从对方的职业、喜好、家庭等方面入手，使对方容易接受，并缩短了彼此之间的距离，为他后来拉顾客投保这一正题打开了方便之门。试想，如果他仍采取开门见山的方式，肯定又会不获而归。

会问才能掌握客户的需求

作为一名优秀的业务员,每天都要和客户沟通,而很多沟通都是从提问题开始的。俗话说,会答的是徒弟,会问的才是师傅。因此,会不会提问直接关系到后面的销售结果。

向河水中投块石子,探明水的深浅再前进,就能较有把握地过河。与陌生人交谈,先提些"投石式"的问题,在略有了解后再有目的地交谈,便能谈得较为投机,那么我们如何提问才能在销售过程中掌握主动权呢?

站在客户的立场发问

推销员的基本工作精神和工作职责是为客户着想,因为只有为客户着想才能更好地体会客户的需求以及得到客户的喜欢与信任,所以掌握了这个技巧,便掌握了成功的法宝之一。

暑假时,王鹏在商场做销售长裤的工作来赚取学费。一天,一位小姐前来购物,但试穿之后嫌长裤是素色的,认为有格子的要好一些。但王鹏轻声跟她说了几句话,她便欣然付钱买下了。原来王鹏跟她说:"您身材小巧,穿格子长裤的话应该也很漂亮,只是会被人数出来有几格子高度,是不是感觉素色的更适合您呢?"

推销话术是一种将客户的利益作为前提,将产品及服务介绍给客户,并说服他们使其相信自己买对了产品的能力。其实,说得确切一点,推销活动的最大课题是：就自己产品的特性，求得客户的认同。

学问就在于如何得到客户的首肯。一般的员工只站在自己的立场上，再三强化产品的特质，百般夸赞产品的优点。可是客户依然是反应冷漠、心存疑惑。

你该做的是进一步将"产品的特征"转变为"客户使用该产品的好处"。比如，"我的数码彩色打印机每分钟可打印80张。"这还不够，应该反问一句，"那么您的彩打业务是不是也加倍增长了呢？"

记住，高明的推销员不只是推销产品而已，同时他也要为客户着想。这样才能更好地抓住客户，使之成为你的"忠实"买家。

好奇心反问法

客户在面对业务员的推销时，最常见的表情就是不耐烦。这时如果业务员喋喋不休地继续推销，只会让客户更加不耐烦，更不用说去思考、理解业务员的话，这对于业务员与客户的沟通是十分不利的。懂得沟通的业务员的做法就是：用新颖的问题勾起客户的好奇心，使客户在好奇心的驱使下对业务员将要说的话产生兴趣，随后利用这个机会抓住客户。

一次，一位保险业务员向一位客户进行推销，他感觉客户似乎对保险不是很感兴趣的样子，对他有些不理不睬。于是业务员突然问道："一打软木塞您打算花多少钱来买？"这位客户奇怪地问道："您不是来推销保险的吗，怎么又提起软木塞了？再说我也根本用不到软木塞啊。"看到客户开口了，业务员又说道："其实我只是突然想到，如果您坐在一条正在漏水的小船上，需要一打软木塞堵住漏洞的时候，会花多少钱去买呢？"业务员的话果然激起了客户的兴趣，随后的推销十分顺利。最终业务员成功卖出了他的保险。

通常人们会对他们不了解、不知道、无法回答却又和自身相关的东西产生好奇。而在业务员提出让客户感到好奇的问题时，客户会为了满足自己的好奇心，自然会顺着业务员的思路思考下去，或是让业务员为其解答。业务员如果能够利用这个机会，自然会事半功倍。

在具体操作的时候，业务员可以先提出一个看似与话题无关，却可以让客户与利益、风险等方面发生联系的问题。比如，上面的小故事里的业务员利用软木塞让客户想到未雨绸缪，进而思考保险的问题。不过业务员在提出这类问题的时候切忌离题太远或是玩文字游戏，否则客户会更加不耐烦。

巧设问题，循循善诱

业务员与客户交谈的过程，其实就是一个引导与被引导的过程。而金牌业务员能够成功引导客户，让客户改变思维方式，把形势带到对业务员有利的方向上去。

有两家小吃店，每天来的客人都大致相当。可是其中一家店每天的收入却总是比另一家多一些。有个细心的人进行了观察，他发现赚得少的那家店的店员在客人点菜的时候，总是说："请问您要不要加个鸡蛋？"而另一家店则是这样问的："请问您要加鸡蛋还是加豆腐干？"自然，第二家店每天的收入要比第一家多。

当业务员向客户询问的时候，是不是也像第一家店的店员一样，留给客户一道只有"要"或"不要"的判断题呢？如果真的这么做，那么这个业务员可就白白放弃了自己50%的成交概率。正确引导客户的方式，应该像第二家店的店员一样，把提问的选项变成"这个"或"那个"。从表面上看似乎和"要"或"不要"差得不多，其实聪明的店员把第三个选项"不要"给隐藏起来了。客人在面对两个肯定的选项时，很少有人意识到其实这道题还有一个隐藏的否定选项，而在店员的暗示下购买了鸡蛋或豆腐干。

巧设疑问，循循善诱，让顾客帮你喊出你想要的目的，成交更是顺水推舟的事情了。

多问为什么，让需求跳出来

想要让自己成为一名冠军业务员，一定要让自己与客户交谈的时候多问"为什么"。大多数客户并不能真正意识到自己的消费需求，因此需要业务员的帮助和引导。使用提问的方式，可以使客户在回答的过程中不断地进行思考，直到发现消费需求。而一旦帮助客户发现了自己的需求，业务员的工作也就变得相对容易了。比如美国的金牌业务员乔·库尔曼，就经常使用这种方法进行推销。

有一次，库尔曼向一家食品店的老板斯科特先生推销他的保险。在听完库尔曼简单的自我介绍后，斯科特先生说："我很忙，跟我谈寿险是浪费时间。你看，我已经63岁，早几年我就不再买保险了。儿女已经成人，能够好好照顾自己，只有妻子和一个女儿跟我一起住，即便我有什么不测。她们也有钱过舒适的生活。"

库尔曼听了以后并没有泄气，他开始向斯科特先生问"为什么"。"斯科特先生，像您这样成功的人，在事业或家庭之外，肯定还有些别的兴趣，比如对医院、宗教、慈善事业的资助。您是否想过，您百年之后，它们可能无法正常运转？"

斯科特先生没有回答，而是一副若有所思的样子。库尔曼看在眼里，意识到自己的问题问到了点子上，于是他决定趁热打铁："斯科特先生，购买我们的寿险，不论您是否健在，您资助的事业都会维持下去。7年之后，假如还在世的话，您每月将收到5000美元的支票，直到您去世。如果您用不着，您可以用来完成您的慈善事业。"

斯科特先生眼中一亮，说道："不错，我资助了3名尼加拉瓜的传教士，这件事对我很重要。你刚才说如果我买了保险，那3名传教士在我死后仍能得到资助，那么，我总共要花多少钱？"

接下来，在库尔曼详细地介绍后，斯科特先生买下了这份保险。

作为业务员，一定不要吝惜向客户问"为什么"。因为你问得越多，客户思考得也就越多，它们暴露的情况也就越来越多。这样下去，业务员也就一步步化被动为主动，直到抓住客户真正的心理需求。

巧用数字,激起客户的好奇心

我遇到过很多初涉销售岗位的年轻人,他们虽然拥有不错的口才,但往往不知道如何在推销过程中加以适当发挥,还被看成是在卖弄口才,反而引起了客户的反感。我就跟他们说:你们一定要站在客户的角度想问题,推销商品前何不先帮他们算一笔账,这样才能充分燃爆客户的好奇心,何患不成交?

隐藏部分信息,只算账

一般对于一件事,客户的想法可以归纳为以下几个方面:什么事,谁来做,怎么做,结果如何。而业务员在进行推销的时候就可以利用这一点,隐去其中的部分信息,让客户对隐去的部分产生好奇。

某地毯业务员对顾客说:"每天只花0.8元就可以让您的卧室铺上地毯。"顾客对此感到惊奇,业务员接着讲道:"您的卧室有12平方米,我厂地毯价格每平方米为124元,这样需1488元。我厂地毯可铺用5年,每年365天,这样平均每天的花费只有约0.8元。"

这个业务员就是在推销的时候隐藏起大部分信息,只告诉客户"每天只花0.8元使卧室铺上地毯"这个看似不可能的结果。客户自然对如何做到这件事产生了好奇心理,十分关注业务员下面的讲解。于是业务员利用这一点,最终给客户留下了该厂的地毯十分实惠的印象。

用算账的口才激起客户的好奇心,其实就是有技巧地获得客户的关注,以便更好地进行推销。这也是成为金牌业务员的技能之一。

算出将要给客户带来的利益

什么最能引起客户的兴趣？不是产品有多新颖，也不是产品有多便宜，更不是有多少人买这种产品。真正让所有客户都会关心的，是他们购买产品后能够得到多大的利益。没有客户不为将要获得的利益感兴趣。客户对于商品的消费需求，正是建立在为自身创造利益的基础上。

怎么才能让客户了解业务员能带给他的利益呢？最直观的方法就是把产品的优点数字化。比如，产品的价格、运营成本、维护投入，这些都可以转化成数字，与别的公司的同类产品进行横向比较。业务员要做的就是，选取数据中有优势的部分进行重点介绍，做到扬长避短，突出自身的优势，给客户留下深刻的印象。

一位净水机业务员在和客户谈到产品价格的时候是这样说的："您为什么会觉得我们产品的价格偏高呢？其实从长远来看，我们的产品还是具有相当大的优势的，我可以给您算这样一笔账：××公司的同类产品每半年就要更换两支滤芯，费用是每年1000元；一般每台主机可以使用5年，那么在这5年中您就要花费5000元来更换滤芯。而我们公司的产品5年内更换滤芯的费用只需要1250元，再算上购机时的差价500元，通过一个简单的加减法您就可以算出，实际我们公司的产品在5年内要比他们的产品省3250元。您现在还觉得我们的产品贵吗？"

看到如此直观的数据，相信大多数客户都不会再拘泥于最初多花的几百元，放弃未来能够节省的几千元。因此，业务员在向客户阐述利益时的指导思想就是：让客户感到他们的利益得到了最大化，而他们的费用能够最小化。

当客户获得的利益看起来不具有明显优势的时候，业务员还可以采用将费用分摊的方式进行推销。比如用成本或是差价除以产品的使用寿命，同时还可以将其他与客户有关的事物联系起来。

反驳不如数字直观

每个客户的心中都有一杆秤，一边是利益，另一边是费用。而出色的业务员要做的，就是用自己语言的力量和技巧，在利益的一端加上砝码。当客户看到业务员能带给他利益时，离成交也就不远了。

有时客户会先入为主地对产品有不好的印象，这时业务员不能一味反驳客户，而是应当想办法引导客户，使他们摆脱旧的产品印象。

李杰是某家节能灯商家的业务员，他曾到农村的一家养鸡场推销节能灯。他来到养鸡场，接待他的是一位老大爷。老大爷见是搞推销的，想都没想就一口回绝了。

李杰一看事情不妙，忙话锋一转说："很抱歉，大爷！打扰您了，我是专程来买鸡蛋的。我姐夫开了个糕点店，他让我帮他选一家长久合作的养鸡场，购买鸡蛋做蛋糕。"老人听后，便把门打开一些，探出头来将信将疑地望着他。

李杰又继续说道："我看见您喂的鸡很漂亮，想买一箱新鲜的鸡蛋回城试试。"老人听他这么说疑虑又去了不少，门也开得更大了。他问道："这里养鸡场多了，为什么你单单选中我这里的鸡蛋？"李杰真诚地说："这儿养鸡场虽多，但只有您一家的是棕色鸡蛋，这种鸡蛋最适合做蛋糕了，姐夫点名要这种。"老人的疑虑彻底打消了，走出院子和李杰谈鸡蛋的事。

两人谈得很投机，这时李杰指指远方说："大爷，那是羊场吧？""是啊，是我兄弟开的。"李杰接着说："大爷，我敢打赌，养羊绝对没有养鸡挣钱。"老爷子被捧得心花怒放："不错小伙子，的确是这样，可我那兄弟不承认，我让他转行养鸡，他死活不肯。"

老爷子将李杰视为知心人，主动带他参观养鸡场，一边走一边向他详细地介绍鸡场的情况。这时候他们来到了鸡舍，李杰看到了灯泡，不失时机地说道："大爷，您这养鸡场一个月得耗费不少电吧？""多少电我也记不清，只知道每月电费得3000元。""这么多啊！您用的是普通灯泡啊。如果您用节能灯，能节省30%的用电量，也就是说原来用100度的话，节能灯用70度就够了。如果照这样算的话您一个月省约1000元，一年就是10000多元啊！"老人一听，大吃一惊，当即表示要换用节能灯。李杰掏出随身携带的产品向他详细地介绍了他们厂的节能灯的原理、性能，让老人心服口服，将鸡场的灯泡全部换成了他们厂的节能灯。

这位业务员没有直接反驳客户，而是通过提出一系列小问题来引导客户，就在客户回答第一个"是"的同时，他们已经开始按照业务员希望的方式进行思考。随着业务员所提的问题逐渐深入，客户也就朝着相反的答案思考。与此同时，客户自己不断作出的肯定答案也使其心理趋向肯定。最终，客户在不知不觉中被引回了他之前还否定的答案面前，却没有理由去反驳。

练就让客户喜欢你的口才

我们在面对客户推销时,首先要让客户喜欢我们,这样我们才能够进行更为深入地交流,达到我们想要的目的。那么如何才能让客户喜欢我们呢?这时我们就需要掌握一些说话技巧了。

委婉、诙谐的语言

在生活中,话太多未必就是优点;在推销商品时,能言善辩却是真正的能耐。语言是一种交际工具,人们正是通过语言进行感情和思想交流,才保持了和谐的关系。对于销售人员来说,语言是与客户沟通的媒介,一切营销活动首先是通过语言建立起最初的关系,从而使营销活动不断开展,最终达到营销目的。所以,语言交流是营销活动的开端,这个头开得好不好,直接关系到营销的成败。

有一位先生的鞋子穿了很长时间,决定买双新皮鞋。他走进第一家店,一位售货员看了看他的鞋子,说道:"一看您就是来买鞋的,现在穿的这双都旧得不像样子了,早就该换了。"这位先生听了很生气,转头就走。他又进了第二家店,这里的售货员看了他的鞋子,说:"您看您的鞋底子都快掉了,再不换新鞋就该出洋相了……"这位先生没等她说完就气呼呼地走出了门。他又来到第三家店,这里的售货员很热情地对他说:"一看您就是个很爱惜东西的人,您一定是经常养护您的鞋,不然怎么能穿这么长时间呢!我看得出,您在这双鞋上花了不少心思吧？"这位先生听了很高兴："对啊，我一直是自己打油、擦鞋的，这个底子也是我自己换的。""您的手真巧，何不买双新鞋犒劳犒劳自己？"

最终，这位先生真的在她这里买了一双鞋。

客户在自己的鞋上花了那么多心血，前两个售货员的话他当然不爱听。第三个售货员的称赞既肯定了他的付出，又照顾了他的心情，推销成功自然是水到渠成了。因此，推销员对客户说的话要尽量委婉，要照顾到他们的心情。

有一次，一位女士怒气冲冲地走进食品商店，向售货员喝道："我叫我儿子在你们这儿称的果酱，为什么缺斤少两？"售货员先一愣，待她想到原因之后，就有礼貌地回答："请你回去称称孩子，看他是否重了。"这位妈妈恍然大悟，脸上怒气全消，心平气和而又很高兴地对售货员说："噢，对不起，误会了。"

那位售货员心里明白自己没有缺斤少两，那么就一定是客户的儿子偷吃了。不过他没有直接对客户说"你怎么不问问你儿子有没有偷吃"，因为这样说会让客户很没有面子，不但解决不了问题，反而会引起一场更大的争论。他用委婉的方式指出了客户忽视的地方，不仅给客户留了面子，还解决了一场纠纷。虽然这名售货员并不能算是推销员，可是他说话的方式确实值得推销新人学习。

在营销活动中，有时候把话说得委婉一些，诙谐一些，可能比直截了当地说效果更好。

一位销售人员在市场上推销灭蚊剂，他滔滔不绝的演讲吸引了很多顾客。突然有人向他提出一个问题："你敢保证这种灭蚊剂能把所有的蚊子都杀死吗？"这位销售人员机智地回答："不敢，在你没打药的地方，蚊子照样活得很好。"

这句玩笑话使人们愉快地接受了他的推销宣传，几大箱灭蚊剂很快就销售一空。

幽默语言在营销活动中的运用，不仅可以制造轻松活泼的气氛，还为营销工作创造了一个良好的环境。幽默话语本身就是一种极具艺术性的广告语，用得好，会给人们留下深刻印象，由一句笑话联想到某种品牌，是很好的促销方式。

销售人员在运用语言上还应注意简洁，以简单明了的语言把尽可能多的信息传递给顾客。无论谈生意还是推销产品，都要突出要点，让对方能够听懂记住。简洁的语言，不但是交际的需要，也从客观上反映出销售人员业务熟练，诚实可信。

当然，销售人员的语言交际要注意的地方还有很多，比如说话要文明，要客观真实等。

形象、生动的语言

为客户介绍产品是推销的重要环节之一。讲解用语不是随意地堆砌词语，更不是平淡无味的说教，而是需要字斟句酌、精心推敲过的语言，以便活跃推销介绍气氛，吸引客户的注意力和激发客户的购买动机。因此，讲解用语必须形象、生动。

我们在讲解产品的过程中，尽量少用带"最"字的限制词，有的推销员很喜欢讲自己的产品最好、最结实等，急于表明商品的优点。其实，这样讲反而往往引起客户对商品的怀疑。另外，即使商品确实是市场上最好的，但在客户没有亲眼见到，没有经过真实比较的情况下，推销员仅靠语言讲解来证明，是很难办到的，也是不能令人信服的。因此，避免使用最高级的限定词，可以减少对客户购买决策时带来的不良心理影响。

还有在讲解中少用形容词，诸如漂亮、可爱、很好等文学用语，在推销介绍中无多大实际意义，也无法向客户传递商品固有特点的信息，还是少用、不用为好。如果推销员讲产品可爱，说明不了什么问题；如果说产品质量好，那么推销员一定要列举出一些事实。在讲解中过多地使用无意义的形容词，会使客户对推销员产生故弄玄虚的联想，影响推销介绍和讲解说服的效果。

"便宜"这类词尽可能避免使用。俗话说，一分钱一分货。商品的价格和商品的质量是密切联系在一起的。在现代商品经济中，优质优价，劣质劣价，几乎是商品定价的通则。当然，也有价廉物美的商品，但只是例外。质价相当，是经济生活中的规律。所以，推销员在推销介绍中，一味突出推销品的便宜，容易使客户产生商品属低质量的联想。为了保持讲解的效果，推销员应尽量少用或不用"便宜"这类提法。如果产品确实价廉物美，是市场上同类商品的佼佼者，而推销员又必须强调商品的价格特点，那么他可以用另一种方式告知客户，即以委婉的方式向客户通报价格信息。比如说商品"不贵"或"物超所值"就比较得体。

富有亲和力的语言

客户在推销员上门的时候，一般都会本能地产生一种警惕心理，这会严重地阻碍他们对于自身需求和产品特性的理解。而拥有亲和力的推销员，能够让客户放松警惕，更快地与推销员建立起一种相互信任的关系，更有利于后面的推销。

在与客户的交谈中，推销员的亲和力更容易使客户产生好感，并把这种好感转嫁到产品上。相比一个复读机一般冷冰冰的推销员，一个满面微笑、言谈有素又不失礼貌的推销员不是更能够打动客户吗？

在法国有一位女推销员，被誉为最有魅力的女人，无论是谁见到她，都会很喜欢她，其实这个女孩儿经常说两句话：如果你和她见面，她会很真诚、很惊喜地说："您终于来了！太好了！"对方听到这句话感到备受尊重，心中非常高兴。当谈话结束客人道别的时候，她会恋恋不舍地和客人说："您怎么就要走了，我什么时候能再见到您？"这样的话，每一个人都会很喜欢听，也更喜欢说这话的人。

早在两千年前，著名古罗马诗人西拉斯就说过："你对别人感兴趣，是在别人对你感兴趣的时候。"要推销自己,首先就要对你的客户真诚地感兴趣。当你对别人感兴趣的时候,别人才会对你感兴趣;当你真心喜欢别人时,别人也在慢慢喜欢你。用希望别人对你的方式去对待别人,你会成为一个广受欢迎的人。因此,推销员是否有亲和力,能够在一定程度上决定推销的成功与否。拥有强大的亲和力,就等于提高了自身的竞争力。

赞美的语言

每个人都喜欢听到好听的话,客户也不例外,因此赞美是接近客户的好方法。赞美客户必须找出别人可能忽略的特点,而让客户知道你的话是真诚的,否则就成为拍马屁,这样效果也不好。

"王总,您这房子真漂亮。"这句话听起来像恭维。"王总,您这房子的大厅设计得真别致。"这句话就是赞美了。

用巧妙的赞美来满足对方的自豪感,让别人真诚地坐下来与你交谈,你的目的便达到了一半,成功就唾手可得了。

比恩·崔西是美国的一位图书推销高手,他曾经说:"我能让任何人买我的图书。"他推销图书的秘诀是:赞美顾客。

一天,比恩·崔西到某家公司推销图书,办公室里的员工选了很多书,正要准备付钱,忽然进来一个人,大声道:"这些跟垃圾似的书到处都有,要它干什么?"

崔西正准备向他露一个笑脸,他接着一句话冲了过来:"你别向我推销,我肯定不会要,我保证不会要。"

"您说得很对,您怎么会要这些书呢?明眼人一下子就能看得出来,您是读了很多书的,很有文化素养、很有气质,要是您有弟弟或者妹妹,他们一定会以您为荣为傲,一定会很尊重您的。"崔西微笑着,不紧不慢地说。

"你怎么知道我有弟弟妹妹?"那位先生有点儿兴趣了。

崔西回答:"当我看到您,您给我的感觉就是有一种大哥的风范,我想,谁要是有您这样的哥哥，谁就是上帝最眷顾的人！"

接下来，那人以大哥教导小弟的语气说话，崔西像对大哥那样尊敬地赞美着，两人聊了10多分钟。最后，那位先生以支持崔西这位兄弟工作为由，为他自己的亲弟弟选购了5套书。

崔西在当天的日记中写道："其实，我心里很明白，只要能够跟我的顾客聊上3分钟，他不买我的图书，那是不可能的。因为，无论做人还是做事，要改变一个人，最有效的方式是传递信心，转移情绪。"

同时，他也写下了一条人性定律："人是感性左右理性的动物。若一个人的感性被真正调动了，那么他想拒绝你，比接受你还要难。而要想迅速控制一个人的感性，最有效和快捷的方法就是恰如其分的赞美。"

从容应对客户异议

俗话说,"挑剔的才是买主"。我们在销售过程中,都会遇到客户对产品提出这样或那样的不同意见以及对产品的质疑。面对客户提出的种种异议和疑问,销售人员就要巧妙运用你的销售口才,认真解答客户的异议和疑问,这样才能够使客户满意,你才能够把产品销售出去。

先立后驳法

当销售人员遇到客户提出异议或疑问的时候,首先要肯定对方的异议,然后再诉说自己的观点,用"是的,但是"或"是的,不过"来作答。毫无疑问它是使用最为广泛的方法,因为它比其他方法都更适合于各种不同的情况和各种不同的可能的买主。

这种方法的理论依据是,几乎所有的人都讨厌听到"不对,我根本看不出你的话有什么道理""这你可说错了""在你看来可能是那样,但事实毕竟是事实""根本不是像你讲的那样"这一类的话。几乎所有的人都讨厌他人对自己的观点所进行的直截了当的反驳。

经验表明,大多数客户在提出反对意见时,都多少带有些偏见,其看法有一定的片面性,或者干脆就是为了表现自己,以证明自己有许多观点和看法,所以在面对这样的情况时,你可以说:"您讲得相当正确,经常就是这样,但是这种情况有点特殊……"你也可以说:"您讲的话一点也不假,但您是否想到了另一层……""我毫不奇怪您最初会产生这种感觉,我当初也是这么想的,但后来我又仔细地研究了一段时间,这才发现……"

只有先肯定对方的看法,使客户的相关需求得到满足,这样才能让客户接受你的观点。

询问处理法

无论发生哪种情况,推销员想要有效地化解异议,就必须探测到异议的真正根源,设法了解客户的真正意图,发现表象掩藏下的实质。推销专家们认为,在这种情况下,一种最简单的方法就是反问,比如客户说:"你的产品很好,可我现在还不想买!"推销员可以这样反问:"既然承认这产品很好,为什么不现在就买呢?"通过反问的方式,可以了解到异议的根源。

商场的一位客户指着弹簧椅对推销员小王说:"价格太贵了吧?"

小王微笑着说:"先生,您认为贵多少?"

"我觉得还可以便宜300元。"

小王没有立即反驳客户的见解,而是问他:"那您认为这把弹簧椅至少可以使用多长时间?它可是纯钢支架的豪华座椅。"

客户想了想,说:"可以使用3年吧。"

"先生,您可以计算一下每天支付多少钱,大约是每天几毛钱吧。只要每天多花几毛钱,你就可以享受到符合人体生理学、防止脊椎变形的豪华弹簧椅了。如果您买一把普通座椅,价钱当然会便宜一些,但坐的时间长了,便会感到腰背酸痛,浑身都难受,与其那样,还不如多花几毛钱买一把质量好些的。"

"嗯,小伙子,你说得很对。我的太太有背痛的老毛病,那就来两把!"

通常情况下,客户提出的异议越是没有依据,推销新人就觉得越难回答。一些优秀的推销员经常采用向客户反问的方法来发现真正的问题,赢得思考应变的时间,再对症下药。

优点补偿法

当顾客对产品提出异议时，我们不要反驳，先要承认其提出的异议是合理的，然后指出某些可以补偿的好处或者优点。

买鞋的顾客可能会说鞋的皮子质量不是最好的，店员可以承认这一点，但同时巧妙地指出，若是最好的皮子价格就会高得多。

当顾客提出"产品不保修，我不敢买"时，销售人员可以说："是的，我们这种产品不提供保修服务，原因是降低售价，从中扣除保修费用，质量又是可靠的。"

当顾客提出："我很怀疑这东西质量有问题。"由于是积压品，销售人员可以说："这是处理商品，质量上都有点儿问题，所以价钱很便宜。"

十全十美的东西是不存在的，所有的产品都有局限性和缺点。面对买主提出合理的异议，销售人员若一味设法否定和回避的话，效果往往不一定好，此时最明智的办法就是拿出可能补偿的优点去压倒对方列举的缺陷。

故意言他法

故意言他法，又叫顾左右而言他法。即对某些异议故意忽略、保持沉默的一种处理方法。一般来说，销售人员应热情回答各种问题，帮助顾客认识自己的需要、了解产品，但这并不意味着必须回答所有问题。

老李是一家家具店的老板。有一次，一对夫妇到他的店里挑选家具，当他们发现看中的家具价钱相当高时，那位夫人对老李说："我们要回家研究一下！"老李马上看着那位先生问道："您是打算把这些家具带回去呢？还是我们给您送到家？"先生问夫人："你说呢？"只听这位夫人说："算了，让他们送到家需要花钱，还是我们自己带回去好了。"

但是，在以下两种情况下，最好不要使用这种方法。第一，不理睬会使顾客产生被轻视的感觉，从而引起不满的时候，不要故意忽略；第二，不解释会引起顾客疑心的时候，还是耐心解释为妙。

举证法

客户对推销员的空口白牙总是会心存疑虑,不敢相信。在这种情况下,推销员如果使用具体事例向对方说明,就很可能使客户的异议逐步削弱乃至于完全消除。因此说,使用证据来说服客户,化解异议是推销员妥善处理异议的一种可行方法。当然,选择的证据最好是与自己已有贸易往来,且与正在洽谈的客户是有联系的。

一位图书公司的推销员对客户说:"李科长,你认识县教育局的胡科长吗?他刚从我们这里买了600本书,我想你们县商业局的情况跟他们的有些相似,也迫切需要有关调动职工积极性的书籍吧?"几次交流,县商业局买下了用于职工培训的数百本教科书。

推销新人只有正确理解客户异议,及时有效地处理客户异议,才能将与客户的交流导向有利于推销的轨道。

利用转化法

利用客户的反对意见,以子之矛,攻子之盾,把它作为洽谈的起点,进行说服和示范。这种方法既不回避客户的意见,又可以通过改变有关意见的性质和作用,把客户拒绝购买的理由转化为说明客户购买的理由,有利于处理客户的反对意见。客户的反对意见具有双重性,既有阻碍成交的可能,又有促成交易的希望。销售员应利用客户意见的这种矛盾性,利用其积极因素,克服消极因素,有效地促成交易。

客户说:"这东西比以前贵多了。"经过分析,主要是因为客户的偏见以及物价上涨而导致的,这时销售人员可以说:"它确实比以前贵了,从形势上看还会涨价,现在不买恐怕将来更买不起。"

这就是销售员利用客户的意见,转化处理客户的反对异议,把拒绝购买商品的理由转化为说服客户购买的理由。

针锋相对法

客户是推销员的上帝，但是当下面两种情况出现的时候，推销员就需要针锋相对地反驳才能够排除异议。

客户若对公司的服务、诚信有所怀疑，推销员拿到订单的机会就几乎是零了。假如保险公司的理赔诚信被怀疑，还有人会向这家公司投保吗？

客户："听说你们公司的售后服务总是姗姗来迟？"

推销员："您了解的可能是个别现象，如果真有这种情况发生，我们会很遗憾。我们公司的经营理念是服务第一，公司在全国各地的技术服务部门都设有电话服务中心，随时联络在外服务的技术人员，希望能以最快速度为客户服务，我们的承诺是出现问题报修后2小时内一定到场修复。"

碰到客户类似对服务、诚信的质疑，需要像案例中那样给予有理有据的反驳才能挽回局面。

同样，如果客户引用的资料不正确，你能以正确的资料佐证你的说法，客户会很容易接受，反而对你更信任。

客户："这栋房屋的公摊面积比率比别的大厦要高出不少。"

推销员："您大概有所误解，这栋大厦的公摊面积占房屋面积的18.2%，而一般大厦的平均公摊面积是19%，我们的公摊面积比率比平均水平还要低0.8%。"

职场晋升 tips2

🎤 假如一位客户对你和你的公司及产品都保持信心,那么达成这笔交易便易如反掌。

🎤 作为销售人员应该设身处地站在客户的立场来问问你自己,为什么他们应该听你的,为什么他们应该将注意力放在你的身上,记住你的开场白只有 30 秒。

🎤 推销活动的最大课题是:就自己商品的特性,求得客户的认同。进一步将"产品的特征"转变为"客户使用该产品的好处"。

🎤 正确引导客户的方式,是让客户作选择题,而不是判断题。

职场有逻辑
老杜带你聊

第 3 章

与领导沟通的艺术

职场无小事,听话要听音。

向领导汇报工作有诀窍

职场中一直流传着这样一种说法：不需要你有多出色，也不需要去和老板故意套近乎。你只要把自己的工作做好，领导自然会看到你的成绩，自然会作出公正的判断。其实不然。正所谓"酒香还怕巷子深"，更何况是在竞争异常激烈、人才一抓一大把的市场环境中。因此，如何做好自己的工作，并将自己的工作呈现在老板面前，变得越来越重要。

在日常工作中，员工经常需要与领导沟通，最有代表的就是汇报工作。月报、半年报、年报，考验的不仅是你的总结、文字等工夫，更是考验你汇报工作的经验和能力。那些简单地将汇报当作程序走的员工，是永远不可能懂得汇报工作的技巧和重要性的。

主动向领导汇报工作

一般来说，任何一个领导都比较看重两样东西：一是他的上级是否信任他，二是他的下属是否尊重他。作为领导来说，判断其下属是否尊重他的一个很重要的因素，就是下属是否经常向他请示汇报工作。心胸宽广的领导对于下属懒于或因忽视而很少向其汇报工作也许不太计较；但对于心胸狭窄的领导来说，他就会做出各种猜测，然后利用手中的权力来"捍卫"自己的"尊严"，从而做出对下属不利的举动。

哈里森是美国金融界的知名人士。他初入金融界时，由于缺乏经验，尽管工作非常努力，但是成绩并没有什么明显提高。为了改变这种状况，哈里森向已是银行经理的朋友阿尔伯特请教如何才能把工作做得更好。

"这太简单了，只要经常主动向领导汇报工作，你就会像我一样。"阿尔伯特说。

"向领导汇报工作？难道就这么简单？"

虽然哈里森有点儿不太相信，但还是决定按照朋友说的方法试一试。以后上班时，哈里森一改往日极力回避与领导接触的习惯，只要遇到不懂的、自己难以决定的事情，总是第一时间汇报给领导。

每次向领导请示的时候，哈里森总是这么说："关于某件事情、某个地方我不敢擅自决定，请您定夺。"或者说："这件事我觉得这样做不太合适，不知您认为应该如何操作？"

通过接触，领导发现哈里森是个能力很强的员工，于是经常把一些重要的事情交给他处理。经过不断磨炼，哈里森成了领导的左膀右臂。

由此可见，在人才辈出的现代职场中，信守"沉默是金"的员工，无异于慢性自杀。如果想要真正有所发展，必须主动与领导沟通。

实际上，就工作上的事情与领导沟通，沟通内容无非包括两方面：一是请示，二是汇报。下属向领导请示并不丢面子，而是理所当然的。许多领导都希望下属经常请示，因为这意味着下属的能力不如自己。同时，经过自己的指点，下属能够更好地完成任务。

掌握汇报的技巧

一个聪明的下属必须懂得：完成工作时，立即向领导汇报；工作进行到一定程度时，必须向领导汇报；预料工作会拖延时，应及时向领导汇报。及时汇报工作，和领导多交流，是有技巧可言的，我们不妨牢记以下几条。

1. 创造和谐，为汇报渲染氛围。

向领导汇报工作要先营造有利于汇报的氛围。汇报之前，可先就一些轻松的话题作简单的交谈。这不但是必要的礼节，而且汇报者可借此机会稳定情绪，厘清汇报的大致脉络，打好腹稿。这些看似寻常，却很有用处。

2. 以线带面，从抽象到具体。

汇报时要讲究一定的逻辑层次，不可"眉毛胡子一把抓"，讲到哪儿算哪儿。一般来说，汇报要抓住一条线，即本单位工作的整体思路和中心工作；展开一个面，即分头叙述相关工作的做法措施、关键环节、遇到的问题以及收到的成效等内容。

3. 汇报要及时。

汇报也具有时效性，及时的汇报才能发挥出最大的效力。当你完成了一件棘手的任务，或者解决了一个疑难问题的关键，这时马上找领导汇报效果最好，拖以时日再向领导汇报，领导可能已经失去对这件事情的兴趣，你的汇报也有画蛇添足之嫌。及时向领导汇报，还会使你与领导建立良好的互信关系，领导会自动对你的工作进行指导，帮助你尽善尽美地完成工作。

4. 突出中心，抛出重点。

泛泛而谈、毫无重点的请示会让领导摸不着头脑，不明白下属究竟哪些地方需要指点。因此，请示时应按照"先急后缓，先大后小，先重后轻"的基本原则，将需要请示的若干事件，事先经过梳理、筛选、排列，然后以精练的语言，简明扼要地讲述清楚，这样领导才会一条一条地予以解答。

5. 沟通简洁明了，不卑不亢。

领导工作忙、应酬多，做事讲求效率，所以最不耐烦、也没时间听我们的长篇大论。沟通时采用简洁明了的语言，往往能达到事半功倍的效果，这也是沟通技巧的要旨所在。

此外，与领导沟通时要做到不卑不亢，运用理论知识联系实际情况，委婉地阐述自己的观点，最终使领导折服。这样既给足了领导面子，又能体现自己的价值。

这样给领导提意见更有效

金无足赤，人无完人，在工作中领导也有犯错误的时候。面对领导的错误决定或者其他不当言行，如果置之不理，不仅会影响我们的工作，还会阻碍公司的发展；如果直面陈词，有些领导碍于面子不容易接受。那么我们该如何向领导提出合理意见和建议呢？这就需要我们掌握以下沟通技巧。

在玩笑中指出领导的错误

有时我们指出领导的错误，不见得非要义正词严，这样会让领导下不来台。所以，我们要讲究沟通技巧，可以通过幽默的方法，把自己的意思表述得含蓄委婉一些。这样既可以实现沟通的目的，又可以让领导在快乐的气氛中维护尊严。

某公司的待遇很差，职工苦不堪言，上班迟到现象非常严重。有一天，一位主管对经理说："公司的员工简直没法按时到公司工作。"

经理问："为什么？"

主管说："坐出租车吧，车费太贵；坐公共汽车吧，人太多挤不上去。他们如何才能解决这个问题？"说完，主管叹了口气，摆出一副毫无办法的样子。

经理接着说："以步当车，一分钱也不用花，而且可以锻炼身体，这不是很好的办法吗？"

主管摇了摇头："不行，鞋袜磨破了，他们买不起新的。我倒有一个办法，公司提倡赤足运动，号召大家赤脚走路上班，这个问题不就解决了吗？"主管莞尔一笑。

经理有些不好意思起来，只好同意提高员工的薪水。

这位主管运用夸张的口气来表达真实想法，达到了劝谏经理的目的。看起来是一个小小的玩笑，实质上运用了沟通技巧。由于比较委婉，既没伤领导的面子，又实现了沟通目的。

当然，使用这样的方法要适度，不能过于露骨，不能让对方受到刺激。如果话语太重，让领导无法接受，往往会产生反感、气愤的情绪，这样就不会得到自己想要的结果了。

提出多项建议，给领导留出选择的余地

聪明的下属给领导提意见或建议时，不会只提出唯一的一条，而是提出两条或多条。这样便会给领导留出选择的余地。

王娜是一家装修公司的设计师。最近由于业务繁忙，公司扩招10多名装修工人。工人们白天干活，晚上在公司食堂吃饭。吃饭的人多了，食堂的工作人员却没有增加，因此饭菜质量有些下降，工人们牢骚不断。这件事本来不在王娜的职责范围内，但为了公司整体利益，王娜来到经理办公室，说明情况后，经理问他："你说该怎么办？"

王娜说："我觉得有三种解决办法：一是给工人提高待遇，让他们到外面吃饭；二是叫'外卖'，新招来的工人每人一份；三是增加食堂工作人员，可以是临时性的。您认为哪种方法最合理呢？"

经理考虑一番，采纳了王娜的第三种建议。同时，经理也非常欣赏王娜这种处处为公司着想的工作态度。

让领导在多项意见和建议中作出选择，是一种高明的沟通技巧，因为其中隐藏着一种暗示：至少你得选择其中一条。这样领导便会在不知不觉中接受我们的意见。

"欲擒故纵"提建议法

这种沟通技巧就是首先指出领导的合理之处，并加以肯定和赞赏，然后提出建设性的意见和建议。这时候，意见往往会被领导采纳。

在某公司的一次例会上，杨娟对经理关于质量问题的处理不是很满意。经理征求大家意见的时候，她说："经理说得对，在产品质量方面，我们的确应当给予充分重视，这是解决问题的前提之一。我认为，除此之外，还应当加强全体员工的质量意识。现在我观察到公司员工的质量意识并不强，工作中有疏忽大意的倾向。这股风气必须刹住，否则质量问题很难得到彻底解决。我想，如果我们对各级员工都进行质量意识培训，员工看到公司上层如此重视，自然也就重视起来了。如果真能这么做的话，解决这个问题不费吹灰之力，公司也能以更快的速度发展。"

听了这番话，经理不断点头，采纳了杨娟的意见，并对她这种敢于提意见的行为给予了表扬。

正面阐述自己的意见

《左传》中说："多献可，少加否。"意思是说，提建议时多说一些行得通的办法，少说一些否定对方的话。它包括两层含义：一是多从正面阐述自己的意见，二是少从反面否定和批驳领导的观点，甚至要通过迂回变通的办法有意回避，这样可避免与领导的意见发生正面冲突。

李准是一家公司的业务主管，因业务需要急需一名副手，因此想提拔懂业务、有经验的本部门员工小李担任。而他的领导赵经理却准备让小邓任职，小邓属于另一部门，对业务不太熟悉。面对这种情况，李准找到赵经理进行沟通。他说："赵经理，咱们提拔的副手最好精通业务，这样一上来就能开展工作。现在人手紧、任务重，小李在我们部门干了很长时间，我看他就比较合适。您觉得呢？"赵经理想了想，同意了李准的建议。

在与赵经理沟通时，李准只说了短短几句话。他阐述的全部是自己的见解，而没有从反面强调小邓这不行那不行，最后意见被领导采纳了。我们设想一下，如果李准一味指责小邓的缺点，从某种意义上就相当于指责"赵经理眼光不行"。这样的话，赵经理未必能够痛痛快快听从他的建议。

巧妙对领导说"不"

在日常工作中，领导常常会向我们指派某项任务或者提出各种要求。其中有些任务和要求是合理的，我们应该坦然接受；有些任务和要求则是不合理的，我们无法答应。即使面对普通人的要求，大声说"不"也不是一件容易的事情，在办公室里对领导说"不"，那就更加困难了。这不仅需要莫大的勇气，而且需要采取一定的沟通技巧和方式方法。

对领导的要求来者不拒，就能使领导认为你能力强、任劳任怨，是一个优秀的员工？就会对你以后的工作产生持久的积极作用？答案其实是否定的。

切忌说大话

对领导委任的工作，一定要认真考虑再作决定，切忌想都不想就向领导拍胸脯。否则不能按时完成任务，我们就要负全部责任，甚至有被处罚或开除的危险。

薛勇是网络公司的一名编程人员，业务技术还行，但做人态度不诚实，总是犯浮夸的毛病。一天，公司部门主管拿来一份程序方案对他说："这套方案很重要，你能处理吗？"薛勇看都没看就拍着胸脯说："小菜一碟，我这双手没有干不了的活儿！"

但结果由于理论知识与实践经验的欠缺，薛勇把这项工作干砸了，最终延误了计算机程序开发的时间，薛勇也被解雇了。

量力而为是身为员工要深知的一个原则。自己感到难以完成的事，只因领导委托，不得不接下来，就显得过于软弱了。纵使是平时对自己不错的领导委托的事，但不在工作范围内，你也应很明确地表明态度，说："对不起，我的工作还没做完，恐怕抽不出时间，实在抱歉！"

拒绝领导要有理有据

拒绝领导的关键不是在于拒绝，而是在于阐述自己的想法——拒绝这一任务，一是因为你自认为无法胜任，二是因为你想以更好的状态去努力做好另一件工作。委婉地对领导说"不"，相信明智的领导会对你的请求回答"好的"。如此一来，你不仅在领导面前"成功露脸"，而且还通过这样的方式让领导了解到你的特长，以后安排工作时，领导一定会记得你，并派给你合适的任务。

王南是一家外企的广告策划人，因为工作业绩出色，总经理对王南颇为赏识。时下，产品研发部的经理因为被调任他职，这个职位暂时空缺。总经理在一次和王南交谈时，询问王南是否有意接任产品研发部经理一职。

王南虽然感到非常吃惊，但当时并没有表态，只是委婉地说："请给我一两天的时间考虑考虑。"

两天之后，王南主动找到总经理，说："作为公司的员工，我非常感谢总经理的器重，肯给我这样一个机会，锻炼我在产品研发方面的能力。但目前公司正在启动5个大生产计划，而我已经开始着手给这些产品策划广告宣传。因此我担心，一来自己无法在短时间迅速进入产品研发经理的角色，二来一时可能找不到合适的人选来接任我手上的工作，综合种种考虑，我只能万分遗憾地说对不起，可能现在不是最好的时机，原谅我不能接任经理一职。但我始终愿意为公司付出我的全部努力。"

总经理听完王南的解释后，非但没有因王南的拒绝而恼怒，相反还关切地问起王南的广告宣传工作进展得怎么样，是否需要公司出面给予帮助。

当领导打算授予你一个职位，或者让你去做你并不熟悉的工作时，你可以先请求给予一点儿时间考虑，然后想一个周全的解释说法，并当面与领导讨论。切忌，不要顾左右而言他，找借口只会让领导觉得你是在敷衍他，坦白地将你的想法说出来，站在为公司利益考虑的立场上，这可以让你成为一个注重团队精神和有主见的人，也不会让领导因为你的不领情而尴尬。

拒绝领导，对领导说"不"实在不是那么容易能讲出口的，毕竟他是领导。道理我们都懂，但事实上做起来还是挺难的。因此拒绝领导应该讲究方法，不管领导的要求有多无理，断然拒绝都不是好的处理方式。因为，在职场上游刃有余的人往往是那些懂得与领导融洽相处的人，因此拒绝领导要有技巧！我们不妨一起学习以下几个婉拒领导的小技巧。

1. 面对不合理的任务时，委婉让对方做决定。

有时领导会把大量工作交给我们，而我们实在不胜负荷，这时可以主动请求领导决定完成工作的先后次序。

比如，"经理，我现在手里有5个大型计划和10个小项目，我应该最先处理哪个呢？"

明智的领导一定会明白我们的言外之意，也能体会我们认真严谨的工作态度，自然而然会把一些不太重要的工作交给别人处理，不再强迫我们。

2. 先示谢后婉拒。

李蕾是公司的一名中层主管，最近正与外商谈判，忙得焦头烂额。偏偏在这个时候，领导又要求她去参加拓展业务的研讨会。

李蕾微笑着对领导说："谢谢您如此器重，不过真是抱歉，虽然我很想去，可是现在正忙着和外商谈判，一时抽不开时间，您看……"

没等她说完，领导就说："哦，没关系。与外商谈判是大事，不要浪费你的时间和精力，我派别人去参加研讨会。"

事例中，李蕾的沟通方法简单而有效，在说"不"之前，先对领导的器重表示谢意，让他留下很有礼貌的印象；然后娓娓道出自己的不便，让他感到下属确实有难处，于是安排别人去完成那项任务。

3. 用幽默婉拒领导。

采取恰当的幽默方式拒绝领导，可以让对方在毫无准备的大笑中失望。这样的拒绝，不仅能达到自己的目的，还能让对方愉快地接受。

老张是一家公司的部门经理，虽然经验丰富、工作态度认真，但岁数有点儿偏大，总经理有意让别人代替他的职位。

一天，总经理拍着他的肩膀说："张经理，你看是不是要早日把你的职位让给年轻人？"

"好啊，就这么办！"

"嗯？你愿意？"

"当然愿意了。不过俗话说'鸟去不浊池'，所以我有一个请求，希望能让我把正在进行的工作彻底做好再离开。"

"完全可以。你手中的工作什么时候可以完成？"

"大约需要10年。"

总经理听后哈哈大笑，彻底打消了让别人顶替老张的念头。

老张的回答开始听起来似乎非常大度（退位让贤，不计较个人利益），然后找了一个十分合理的借口（站好最后一班岗），最后来个180°大转弯，告诉总经理自己还想在这个职位上干下去。面对老下属的幽默沟通技巧，总经理只好打消念头。

4. 直言不讳去拒绝。

当领导要求我们做违法的事或违背良心的事时，要尽量保持平静的心理，然后直言不讳地说出自己的想法。

我们可以这样说："你可以辞退我，也可以放弃要求，无论如何我都不能泄漏这些资料。这是我做人的准则。"

一般来说，领导会自知理亏并知难而退。如果我们不能坚持自己的做人准则，那只会迷失方向，最终影响工作成绩，甚至断送自己的前途。

5. 异性领导要求过分，巧妙婉拒有妙招。

某医院外科护士小敏漂亮大方，待人热情。科室主任刚刚离异，对小敏动了心。这天下班的时候，科室主任对她说："小敏，晚上一起去吃饭好吗？我和你说一件很重要的事情。"

小敏马上明白了"重要事情"的含义，笑着说："太好了，我也正好有事情要请您帮忙。"

主任一听正中下怀，说："我非常愿意为你效劳。说吧，什么事需要我帮忙？"

"我男朋友是一位拳击运动员，训练时腹部被队友打了一拳，已经疼好几天了，我想让您帮他检查检查。"

主任一听，心里顿时凉了半截，晚饭也就此作罢。

我们且不论小敏有没有男朋友，或者男朋友是不是拳击运动员，就小敏的沟通技巧来说，那是相当高明。在假装没明白对方真实意图的情况下，仅仅一句话，就让动了歪心思的主任"心凉了半截"。这样既达到了自己的目的，又没有伤害求爱者的自尊。

很多员工没有勇气拒绝领导，觉得人在屋檐下，不得不低头。其实，并不是如此！

如果领导的要求是不合理的，下属无法执行，这时身为下属的你就应该果断地拒绝。这时的拒绝断不是在挑战领导的权威，相反是为了更好地工作。

帮领导就是为自己加分

在职场中,很多人觉得领导某些方面不如自己,于是无意中流露出对领导的不屑。殊不知,领导始终是领导,他拥有最终决策权,得罪了领导,对自己的前途有害无益。所以,那些聪明的职场员工都会从细节入手,采取以下沟通技巧时刻维护领导的尊严。

巧解领导的尴尬

某公司刚刚招聘了一批新员工。在开始培训前,经理首先点名。当点到"黄华"的名字时,没有人站起来应答。经理又连读了两遍,终于有一个怯生生的女孩站了起来。经理问她:"你就是黄华吗?"女孩满脸通红地说:"经理,我的名字叫黄烨。"女孩说完,新员工们不禁发出一阵笑声。

经理这才发现这个字是"烨"而非"华",自己读错了名字,愣在那里有些不知所措。

这时,一直站在身旁的办公室文员李娜走到经理跟前,把名单接过去,看了看说:"对不起,经理,我在打印时错把'烨'字录成'华'了,我以后一定改掉粗心大意的毛病。"经理略一迟疑,马上接口道:"老员工工作起来这么马虎,怎么给新员工做好榜样?你们新员工一定要引以为戒啊。"

我们不得不佩服文员李娜的应变能力和沟通能力。经过这件事情,经理对她更加信任了。

主动为领导出谋划策

领导不是万能的，有时候会面对某一问题而束手无策。假如员工挺身而出，主动为领导出谋划策，帮助他解决问题，领导就会对我们感激不尽，从而高看一眼。

日本"东京迪士尼乐园"位于千叶县，原来叫作"千叶迪士尼乐园"。当时，游客们听到"千叶"这个名字，认为那一定是一个偏僻荒凉的地方，想去游玩的兴致不高。由于这个原因，该乐园一度处于萧条状态，濒临破产边缘。

就在游乐园老板愁眉不展之际，员工山本提出一条建议：将"千叶迪士尼乐园"改名为"东京迪士尼乐园"。山本向老板解释说："'千叶迪士尼乐园'生意不景气的原因，主要是游客觉得千叶县是个偏僻的地方。如果改名为'东京迪士尼乐园'，会给游客们一种错觉，认为乐园离东京很近，实际上这两个地方相距很远。"

老板听从了山本的建议，"东京迪士尼乐园"游客大增，生意渐渐兴旺起来。在老板的心目中，山本的地位自然比以前高了许多。

从上面的事例中不难看出，一个员工利用沟通、表现能力为领导主动出谋划策，不仅帮助了领导，最终得到领导的赏识和器重。

甘愿做领导的"挡箭牌"

领导是一个部门或公司的核心人物，对团队负有领导责任。一旦工作上出现问题，人们的焦点往往会集中到领导身上。其实，下属也是团队中的一员，工作中出现问题理应承担部分责任。为了维护领导的尊严，那些职场中的沟通高手，在领导处于被人责难的情况下，往往会挺身而出，甘愿做领导的"挡箭牌"。

楚健是一家健身器械公司的销售部经理，上个月一家外企前来订货。对方开口就要上千万元的健身器械，这可是个难得的大客户。遗憾的是，由于缺乏与外企合作的经验，最后谈判破裂。公司总经理得知这一情况后大发雷霆，立即召开会议，分析、探讨谈判失败的原因，同时要追究楚健的责任。

会上，楚健为自己的失误而感到内疚，几乎未作任何辩解。此时销售部员工小段站了出来，说："这次失败并不是楚经理一个人的责任。在楚经理的安排下，销售部的员工已经对那家外企的情况进行了解。但是在谈判过程中，我们才发现对对方了解得不够全面，所以没能为楚经理的决策提供有力支持。此外，对方提出的合作条件确实有些苛刻，就我们的情况，不可能做出太大的让步。"

就因为小段的寥寥数语，总经理决定不再追究楚健的责任。此后，销售部经理楚健及总经理一致认为小段头脑灵活，是一位责任心强的好员工。

事例中，小段运用沟通技巧，先替领导承担了部分责任，接着又提出谈判失败的客观原因（外企提出的条件有些苛刻），从而赢得领导的赞许和赏识。遇到麻烦时站出来甘愿做领导的"挡箭牌"，不仅维护了领导的尊严，也能够体现下属的优秀品质和强烈的责任心。

主动为领导排忧

人生道路上，每个人都会遇到这样或者那样的困难，领导同样如此。然而，领导在工作中遇到困难时，一般碍于面子不会明说。这时候，作为下属最好主动出手，不要等到领导开口。因为求人帮忙内心会充满歉疚感，如果主动帮忙，歉疚感没有那么强烈。从某种意义上来讲，这也是维护领导尊严、建立良好人际关系的一种沟通方法。

李昆参加工作两年后，凭借出色的工作能力和沟通能力，晋升为总经理助理。这几天，总经理遇到了一件麻烦事，整天愁眉不展。李昆通过委婉询问，知道了事情的来龙去脉。前一阶段公司装修，已经支付了全部工程款。但是工程负责人克扣工人工钱，现在工人们都来找总经理要钱。李昆听完之后，说："经理，您别担心，事情总会妥善解决的。"

李昆和总经理的谈话还没有结束，工人们又找上门来。李昆立即走出去，拦住他们说："请各位留步,你们找谁？"其中一位男青年气势汹汹地说："找你们经理！"

"真不凑巧,经理今天不在。请问找他有什么事？我是他的助理,您有什么事告诉我,也许我能帮您解决。"男青年用不屑的口气反问："你？你能解决问题？"

李昆微笑着说："虽然我不一定能帮你解决问题,但是可以转告经理。你们先坐下歇一会儿,我给你们倒水去。"

看到李昆如此客气,工人们的怒气消了不少,跟随他来到会议室。李昆耐心地帮他们分析了情况,说："我们经理已经支付了全部工程款,此事与他无关,即使找到经理也解决不了问题。你们不如去找劳动仲裁委员会,或者向工程负责人施加压力。"

工人们觉得李昆的话合情合理,心平气和地走了。

事后,经理对李昆不胜感激,更加看重他了。我们可以想象,假如领导遇到困难的时候下属不知道如何主动分忧,或者必须在领导的指令下才去解决问题,一定会给领导留下"不机灵"的印象。这样的员工又怎么能够得到领导的赏识呢？

含而不露送赞语

赞美领导是一门比较特殊的艺术。喜欢被人恭维是人性最大的弱点，对于领导来说更是如此。如果你能很好地掌握这门艺术，能够恰当且含而不露地赞美领导，会加深你与领导的感情，缩短与领导的距离，是下属与领导搞好关系的"润滑剂"。

"送高帽"的力量

人都喜欢被赞美，作为高高在上的领导更是这样。和领导沟通，就要学会给他"戴高帽"，正如小品里说的那样"戴高乐，戴高乐，戴上高帽他就乐！"领导乐了，一切都容易沟通。

有一个笑话，在此借用一下：

古时候有一个人非常善于拍马屁。他靠阿谀奉承过了一生，送了无数的高帽子给人戴。死后到了阴间，阎王亲自审问他。

"你这人活了一世，只懂阿谀奉承，让人不思进取，实在是罪该万死。来啊，把他给我打下十八层地狱！"阎王怒气冲冲地吼道。

"慢着！"那人不慌不忙地说道，"小人是该死，但小人奉承的都是那些有虚荣心的人。像大王您这样英明神武、铁面无私、没有虚荣心的人是不会接受小人的高帽的。"

"算你有眼力！"阎王拈着胡须哈哈大笑着说，"你投胎去吧！"

连阎王都逃不过这一"劫",又有几人能不虚荣呢?因此只要瞅准了领导的虚荣心,赞美起来就容易多了。几千年来,许多人想要铲除虚荣,但是虚荣在人类生活中已经根深蒂固,是消除不了的。所以,与其白费力气,还不如去寻找驾驭它的方法,因为大多数虚荣是无害的。对于你的领导,你去赞美他引以为荣的东西,他一定会很高兴。

赞美的话要说到位

一般来说,下属必然有求于领导,你求他办事适当地奉承几句,或送个"高帽"也是理所应当的。当领导有了"高帽"顶在头上之后,他们也就自然愿意给你办事。

春秋时期,韩国修筑新城的城墙,规定15天完工。大臣段乔负责主管此事。有一个县拖延了两天,段乔就逮捕了这个县的主管官员,将其囚禁起来。这个官员的儿子想设法解救父亲,就找到管理疆界的官员子高,让子高去替父亲求情。子高答应了这件事。

一天,见了段乔后,子高并不直接提及放人的事,而是和段乔共同登上城墙,故意左右张望,然后说:"这墙修得太漂亮了,真算得上是一件了不起的功劳。功劳这样大,并且整个工程结束后又未曾处罚过一个人,这确实让人敬佩不已。不过,我听说大人将一个县里主管工程的官员叫来审查,我看大可不必,整个工程修建得这样好,出现一点小小的纰漏是不足为奇的,又何必为一点儿小事影响您的功劳呢。"

段乔见子高如此评价他的工作,心中甚是高兴,然后又听子高的见解也在情理之中,于是便把那个官员放了。

下面几点建议帮你把赞美的话说到位。

1. 间接赞美。

间接赞美就是不直接赞美领导,而是赞美一些与领导有关的人,从而获得领导的欢心。这是一种迂回沟通战术,运用得当即可收到良好效果。

某公司经理的儿子考上了研究生，员工们你一言我一语极尽奉承之能事。

小张说："经理，祝贺您！"

小李说："您真有水平，竟然培养出一个研究生儿子。"

小赵说："经理，您的儿子考上研究生，应该请客！"

总经理露出礼节性的微笑，向大家点头致意。

这时，刚来公司的王军走过来，对经理说："经理，听说您儿子考上研究生了，真厉害，实在令人佩服。我当年考了两次，但是都没考上。您的儿子像您一样，一定是遗传了您的基因……"总经理听王军这么一说，心花怒放，说："这小子是不错，没给我丢脸。"

王军的高明之处在于没有直接赞美经理，而是夸奖他儿子厉害，然后又说遗传了经理的基因，其沟通水平确实高人一等。

2. 直接赞美与间接赞美相结合。

直接赞美主要是指对领导个人"有话直说"，当面赞扬。比如，领导刚做完报告，主动询问我们对报告的印象。这种情况下可以使用恰当的语言，实事求是地进行直接赞扬，切不要以"还可以""凑合"之类的话应付了事。在与领导的实际沟通过程中，下属可以采取直接赞美与间接赞美相结合的方法。

某市召开环保研讨会，环保局的副局长在会上作了报告。副局长在报告中引经据典，语言风趣，客观地反映出本市环保工作的实际情况。

会议结束后，副局长问身边的一位下属说："你认为我今天的发言怎么样？听众反响如何？"

这位下属回答说："您今天的发言讲得非常准确，不仅把我们市目前的情况向大家作了介绍，还为大家展示了未来发展的前景，我们都受到很大的鼓舞！"

事例中的下属深谙沟通之道，他采取了直接赞美（"您今天的发言讲得非常准确"）与间接赞美（"我们都受到很大的鼓舞"）相结合的方法，副局长听了非常欣慰。这比直接赞扬"您发言水平真高""您的讲话非常精彩"之类的空洞溢美之词高明多了。

3. 假托"公众"语气赞领导。

恭维不等于奉承，欣赏并不是谄媚。员工赞美、欣赏领导的某个特点，意味着在这方面应该向领导学习。只要是优点、长处，对集体有利，我们尽可以毫无顾忌地表示对领导的赞美之情。为了避免溜须拍马的嫌疑，我们可以采取一种沟通的技巧，那就是以公众的口吻赞美领导，同时把自己的赞美融入进去。

某公司业务部程经理的一篇文章在国家级报刊上发表了。这天，小徐上班来到单位，恰好遇到程经理，于是不失时机地称赞说："程经理，原来大家都知道您业务水平很高，没想到写文章也是一把好手。这几天大家都在学习您的文章呢！我们都认为您的文章视角独特，而且极有深度。这不，大家都吵吵着要向您请教呢。"

职场员工运用"公众"的语气赞美领导时，最好使用中性词，不可滥用"很""最""非常"等副词和形容词；否则会让领导感到我们言过其实，心口不一。

与不同性格领导沟通的技巧

通过倾听，了解到领导的性格，猜透他的脾气，明白领导需要什么样的赞美，就能一拍即合。

与外向型领导怎么说

当你面对的是一个口若悬河，说起话来像连珠炮，滔滔不绝的人，那么你可以初步判断他属于外向型。外向型的人一般不会控制自己的愤怒或掩饰自己的得意，他们以那特有的大嗓门向听者传达自己的思想。如果你遇到这样的领导，就是你的福气。

与外向型的领导谈话，是一件很轻松、很容易的事。因为他本身就非常擅长社交，他那富有感染力的大嗓门再加上有些夸张的手势，使现场气氛往往很热烈，不过作为倾听者的你，千万得记住，此时他是绝对的主角，你是配角，你千万别有争夺他光彩的意思，否则他一跟你较真，就有你好受的。所以，当碰到与外向型领导有观点冲突时，你最好保持沉默。

外向型的人比较单纯，这种人当领导往往说话办事不拘小节，因而很容易相处，也很容易看透他的内心。如果你和他走得很近时，他会如机枪一样毫不掩饰地将自己的观点和盘托出，敢说敢做，一般不会隐瞒什么事情。但是，外向型领导的支配欲都很强烈，一般不喜欢听到你说"不"，当他的观点被你理解或接受时，他就会喜形于色，要是你再赞美他几句，他往往会得意忘形。这种人不喜欢你冗长枯燥的汇报，轻松简洁明快最乐于接受。

用一句话来概括外向型的领导，就是爽快干脆，所以你对他也要爽快干脆，拖拖拉拉、犹豫不决最让他难以忍受。碰到外向型的领导，最好是竖起耳朵闭上嘴，即使你不问他，他也会告诉你他的喜好。这时你只要顺着他的意思，引出他得意光彩之事，往往能产生意想不到的效果。

与寡言少语型领导怎么说

如果你的领导外表温柔、文静，不善言辞、寡言少语，你就要当心了，这种领导往往把自己的一切深深地掩藏起来，要了解他真不容易，因为他对外界怀有强烈的警惕心，不轻易相信人，不轻易赞美和抨击别人。他可以说是一个"温柔杀手"，他不会轻易地向别人表明自己的立场。对于你来说，他倒可能成为一个倾听者。如果此时你不考虑进行一下角色转换，让他继续担任主角，那你们的交流肯定是沉闷的。由于内向型的人不如外向型的人善于交际应酬，当面对陌生人时，常令他发窘。并且由于他比较敏感，该拿主意的时候总是犹豫不决。但他却喜欢思考，对让人头皮发麻的数字、理论等枯燥无味的东西反而可能会感兴趣。

同样，这种领导也喜欢别人赞美自己，欣赏自己的长处，谈论自己感兴趣的话题。面对这种领导，你就应该担当起主角的重任，用他感兴趣的事激起他的热情。当他把你当作知心人的时候，就会表现出他狂热的一面。这类领导一般都很注重细节，可以在工作中列举一些数据以证明取得的成绩，并对未来工作的形势作一些分析，这样可以轻松俘获领导的心。

与多疑型领导怎么说

多疑的领导常常会作出各种猜测：是不是有下属看不起我了？是不是下属不买我的账？是不是你们这些下属联合起来架空我了？一旦这种猜测成了他的某种认定，他就会利用手中的权力来捍卫自己的尊严，从而做出对下属不利的举动。因此作为下属的你一定要在这种领导面前表现得忠贞不二，工作之余要和领导多沟通，和多疑型领导谈话时要做到以下几点。

1. 谈吐谦虚。

明明知道你的领导是个多疑的人，但是你不能因为他有这点性格缺陷而在心理上轻视他！碰到这样的领导，和他谈话时要不断提醒自己他在许多方面优于自己，这样才能显露出尊敬对方。要经常向他请教有关工作、生活上的问题，即使这些问题对你来说是小菜一碟，但你还是多问为好，因为这样一来，你就会在他心目中树立两个好形象：一是谦虚好学，二是你很尊重他。

2. 勤于汇报请示。

一般来说，任何一个上级都比较看重他的下属是否尊重他。而作为上级来说，判断其下属是否尊重他的一个很重要的因素，就是下属是否经常向他请示汇报工作。对多疑型的领导更要勤于汇报工作，可能你确实很忙，但你可以采用口头汇报，有时实在忙不过来了，用电话汇报也可以。

3. 不过分外露自己的才干。

锋芒可以刺伤别人，也会刺伤自己，运用起来应该小心翼翼，平时应插在剑鞘里。特别是在多疑型的领导面前，过分外露自己的才干不仅会让领导不高兴，觉得自己的地位受到威胁，而且一有机会，他会把你踹下去。

除以上所述，在领导面前保持很高的透明度也是非常必要的。找机会向他表明你自己的心迹，告诉他你是个讲信义、重感情的人，希望他能够给你一个机会，好让你全心全意为公司卖力，为他效力！

与谨慎型领导怎么说

这种领导具有见异思迁的性格，情绪起伏不定，向往新奇古怪的东西。注意力很强却不能持续，犹豫，难以下决心，欠缺行动力。而且常会变成口不饶人或者尖刻的批评家，经常抱怨、不满，有时非常暴躁。在他的嗜好中，有许多不仅能满足自己，也可以表现给他人看，从而得到满足。

要是你的领导佩戴特殊的高级手表，试着对他说："哇！好特殊的手表。"

看到他开豪华进口车的话，不要忘了赞美一下他的车子。看到他身上所带的东西跟别人不一样时，应表现出一眼就看出来的样子，并带入话题，这是迎合这类领导最好的方法。

与现实型领导怎么说

这种人想到就会马上去实行，或者想到好主意马上就想尝试，是以自我为中心的人，任何事要是不能达到预期的结果，就觉得不中意。这种领导能够当机立断地回答"好"或"不"。要是认为有钱可赚，就会接受来访者的条件；要是认为无利可图的话，马上就会拒绝，任凭你怎么努力去说明，想改变他的心意，都是徒劳无功的。

对这种领导说话，不如开门见山。谈话最初的 5 分钟，对这种人来说是很重要的。要是在这 5 分钟内没有令他产生兴趣或关心的话题，日后就算花费再多的时间也没有用了。

与乐天型领导怎么说

要注意这种领导有时会违背约定，不承认当时所说的话，甚至取消双方的协定。这是这种类型的人最大的缺点。有时也会想要尝试做某些新鲜的事，但都半途而废。

所以与这种领导说话，你一定要多长心眼，与他交谈中，你说的话要有理有据，切勿多说，要不然若翻脸之时，他会把他的过失推卸到你的头上来，到时你可能就是跳进黄河也洗不清了！

职场晋升 tips 3

🎤 做一头默默耕耘的"老黄牛",领导容易忽视你的存在。如果你能像鹦鹉那样把成果说出来,自然会引起领导对你的注意。

🎤 给领导提建议,一定要先结论后理由,先总结后请示。

🎤 拒绝领导的关键不在于拒绝,而在于阐述自己的想法。

🎤 领导问你"最近怎么样"的回答公式:"感谢+汇报+决心",感谢领导关心,汇报工作情况,表态工作决心。

职场有逻辑
老杜带你聊

第 4 章

与下属沟通的艺术

"攻心为上,攻城为下",激励下属必须牢牢抓住他的心。

用口才激励你的下属

作为领导直接有求于下属的情况并不多见,一般都是领导变相地求助于下属。比如,要想让下属心甘情愿效命于你,就必须善于笼络其心,这就是变相地求助于下属。"士为知己者死",让下属将你引为知己,这样他为你办事自然会尽心尽力。

用语言拉近与下属的距离

要获得下属的支持,首先得拉近与下属之间的距离,让下属了解你,并感到和蔼可亲。在美国历史上,有一位鞋匠的儿子后来成了美国的总统,他就是林肯。在他当选为总统的那一刻,整个参议院的议员都感到尴尬。因为美国的参议员大部分都出生于名门望族,自认为是上流、优越的人,从未料到要面对的总统是一个卑微的鞋匠的儿子。但是,他却从强大的竞争中脱颖而出,赢得了广大人民的信赖,这除了他卓越的才能外,与他从平民中来、走平民路线是分不开的。

当林肯站在演讲台上时,有人不怀好意地问他有多少财产。人们期待的答案当然是多少万美元、多少亩田地,然而林肯却扳着手指这样回答:"我有一位妻子和一个儿子,都是无价之宝。此外,租了三间办公室,室内有一张桌子、三把椅子,墙角还有一个大书架,架上的书值得每人一读。我本人又高又瘦,脸蛋很长,不会发福。我实在没有什么依靠的,唯一可依靠的财产就是——你们。"

"唯一可依靠的财产就是你们",一句话便拉近了林肯与民众之间的距离。这话也应该成为所有领导者和下属沟通的力量、建立自己事业的武器。

情感激励聚人心

看似不起眼的言行,正是沟通的精髓所在。天下大事,必作于细。管理者在微小之处体现出对下属的尊重与关爱,就会得到下属的拥护,同时也能激发下属的潜能,从而以更加积极主动的姿态努力工作,推动公司不断发展壮大。

松下幸之助曾经说过:"最失败的上司,就是那种员工一看见你,就像老鼠见到猫般没命地逃开的上司。"他每次看见工作辛苦的员工,都要为他泡一杯茶,说:"谢谢你,你辛苦了,请喝杯茶吧!"

给下属台阶暖人心

领导的作用,简而言之,就是带领员工共同完成工作,在工作中总有一些"刺儿头"不服从命令,不能尽职尽责地工作。这时,领导为了顾全大局就有可能语重心长地恳求于他。实际上,有时候直言直语相劝并不能达到目的。你可以发现他的错误,但不点明,并巧妙地给他一个台阶下,让他既能改正错误,又能保全面子。

某外企为了争创名牌企业,提高知名度,非常重视环境卫生工作,曾明令禁止职工上班时间抽烟,厂区里立了许多"禁止吸烟"的牌子,并抽调人员不定期巡视,这次是老总亲自巡视检查,发现有几位工人站在禁烟牌前吞云吐雾。他们看见老总朝他们走过来,不但毫无收敛,反而抽得更起劲,大有"看你能把我们怎么样"的架势。

在这种情况下,一般领导都会大发雷霆:"你们没有长眼睛吗,怎么站在禁烟牌前吸烟!"但这样一顿臭骂,事态势必一发而不可收。那几位倔脾气的工人可不是省油的灯,否则也没有胆量这样做。可是,这位老总不但没有开骂,反而掏出一包更高级的香烟,给每位都递上一支,友好地对他们说:"兄弟，走，咱们出去抽个痛快！"那几位工人反倒觉得不好意思起来。过后，负荆请罪，向老总保证：以后再也不在厂区抽烟了。

所以对待那些"刺儿头"下属，与其当面锣、对面鼓，使用强制手段，倒不如给他一个台阶下，这样既可以让他从内心意识到自己的错误并加以改正，而且"攻心为上"，他也会更加忠诚于你。

赞美激励法

畅销书《1001种奖励员工的方法》的作者鲍勃·纳尔逊说，在恰当的时间从恰当的人口中道出一声真诚的谢意，对员工来说比加薪、正式奖励或众多的资格证书及勋章更有意义。这样的奖赏之所以有效，主要是因为经理人在第一时间注意到相关员工取得了成就，并及时地亲自表示嘉奖。

有一天晚上，小偷光顾了某家公司。当小偷撬保险柜时，公司的一位清洁工与之进行了激烈搏斗，最后保住了公司的财产。清洁工本来是一个最被人忽视、被人看不起的角色，事后有人为他请功并问他的动机时，答案出人意料。他说："公司总经理每次从我身旁经过时，总会夸奖'你扫的地真干净'。"

总经理一句简单的赞美话语，就让这位清洁工受到感动，并且在关键时刻挺身而出。这就是激励的力量。

成就激励是无声的赞美

曾经有人问微软的一位员工："你为什么要留在微软？"员工回答说："因为微软有很多机会让员工有成就感。"按照心理学家马斯洛的需求层次理论，人们除了追求物质之外，更渴望自我价值的实现。从这种意义上来讲，成就感比物质奖励更能激励下属。

有一年除夕，电子厂的库房管理员马先生收到一张贺年卡，是经理寄来的。第二年除夕，马先生又收到一张"先进工作者"荣誉证书……马先生将这些奖励挂在墙上，亲朋好友来拜年时看到这些东西，纷纷表示赞扬和祝福："嘿，登上光荣榜了，不错呀，新一年里加油干，再上光荣榜！"

虽然电子厂经理没有当面用语言夸奖马先生,但这也是一种沟通的技巧。寄去的贺卡和荣誉证书,满足了马先生的成就感。在这种成就感的激励下,他将以更加积极的态度去工作,为公司创造更大效益。

如何委派任务与下达命令

在一个公司内部的人际交往中，最能体现管理者沟通技巧的事情，就是向下属下达命令、委派任务。这并不是简单说几句话那样容易的事情，因为领导下达命令的目的是让下属圆满完成任务，如果下属未能完成任务，领导的委派工作就相当于"无用功"。

事实上，许多管理者在委派任务方面都不太合格。比如，有的领导常常会这样说："小赵，以最快的速度把这个策划方案写出来，如果明天早上我在办公桌上没有看到它，我将……"或者"我对你说过多少次了，你怎么总是记不住？你怎么可以这样做？快点停下手中所有的工作，马上重新修改！"

这样的话，我们与下属的关系就完全进入了死胡同。为什么会出现这种结果？原因就在于我们下达命令的方式。我们把自己放在领导的位置上，总认为有权力在下属面前指手画脚，颐指气使。实际上没有任何一位下属喜欢这种命令的口吻和高高在上的姿态。虽然我们是管理者，对方是职员，但在人格上双方是平等的，只是职务不同，分工不同。

有一位优秀的经理从来不直接以命令的口吻来指挥下属。他每次委派任务时先把自己的想法讲出来，然后问："你觉得这样做可以吗？"当他在口授一封信之后，经常说："你觉得这封信怎么样？"如果他觉得下属撰写文件需要改动时，便会用一种征询、商量的口吻说："也许我们把这句话改成这样，效果会好一点儿。"

在这样的经理手下工作，下属一定会感到轻松而愉快。即使犯了错误，经理也不会以严厉的口吻批评下属，而会温和地告诉他们正确的解决方法。

实践经验告诉我们，领导安排工作时不要像部队中的长官那样下达指令，而应该采用建议、询问或指导的沟通方式。这样不会削弱指示的分量，反而能让下属乐于接受任务。

除了采取恰当的沟通方式，领导在委派任务、下达命令时，还应做到以下几个方面。

1.确定需要委派的任务。

认真考察要做的各种工作，确保自己理解这些工作都需要做些什么、有些什么特殊问题或复杂程度如何。在没有完全了解这些情况和工作的预期结果之前，不要轻易委派。

2.命令指示要明确。

一条好的指示就像一篇任务说明书，它明确说明了特定的目的和原因。

假如我们对下属说："竭尽全力做好这份建议书。"这个指示不会给下属留下深刻的印象，它是一条非常含糊不清的指示。如果你在这句话前加上一句："这份建议书是这一年中我们送给最重要客户的最重要文件。"这样就会大大增强指示的重要性，能够促使下属最先完成这项任务。

比如对下属说"这份方案报告需要你再花些功夫"，就是一条语意不明的指示，因为它没有说明究竟需要花多长时间。从理论上讲，下属可以一直不停地干下去。一条好的指示应该加上一句："你最好在下周三前完成，因为下周四董事长需要这份报告。"

3.明确指示完成任务的方法。

一条好的指示，一般含有正确的行动手段和程序说明。如果我们说"注意一下这个问题"，或者"先不去管它"等，下属们不一定总能准确地领会我们的意思。比如，我们安排下属给另外一家公司的经理打电话时，应该详细告诉他打电话的时间，与对方沟通的方法，以及需要回避的注意事项等。

4. 监督任务完成情况。

把任务安排妥当之后，我们还应有计划地检查进展情况。不同任务的检查计划也有所不同，主要取决于任务的难易程度、下属的能力及完成任务需要的时间。如果某项任务难度很大并且非常紧急，更需要经常监督。

5. 记住已经下达的命令。

领导工作繁忙，而且要管理很多下属，有时会忘记已经安排的任务和下达的命令。为了避免这种情况，管理者应该将已经下达的命令记录下来，写明任务内容、委派对象、完成标准、完成期限等。这种记录可以作为对下属进行考评的依据，也有助于在工作出现问题时分清各自的责任。

轻松消除下属的抱怨与牢骚

俗话说:一人难满百人意。管理者即使做得再好,也会有一些下属不满意。下属心中一旦产生了抱怨,如果不及时解决,就会严重影响其工作的积极性和进取心,从而消极怠工,或与管理者产生对立情绪,对管理者的工作不支持,对管理者的指示不服从,甚至与管理者对着干。

需要注意的是,下属的抱怨和牢骚,可能是来自群众的呼声,包含着许多正确的意见和建议。简单批评、盲目禁止,只能说明管理者缺乏民主作风,听不得不同意见和建议。那么,我们应如何正确地消除下属的抱怨和牢骚呢?

让下属"亮出底牌"

有些下属非常自私,稍不如意便心生抱怨,满腹牢骚,领导多次劝告而收效甚微。对于这种人,管理者可以采取让其"亮出底牌"的沟通方法,让他当众说出到底为什么大发牢骚。

某公司部门张主任总觉得自己干了很多工作,但是薪水不高,而且有职无权,说话不算数,因而常常发牢骚。

有一次,他又当众发牢骚说:"我这个主管只有虚名,名义上是个中层领导,实际上什么事也管不了。"

正好刘经理路过听到了,对他说:"张主任,你说只有虚名而无实权,这话有些不符合事实吧?在你这个部门不都是你说了算吗?而且,公司开会时你提的建议，大部分都被采纳了。你说吧，你到底有什么想法和要求，不妨当着大家的面说出来。"

张主任自知理亏，低下头嗫嚅着说："没，没什么，我没什么想法和要求，只是发发牢骚而已。"

事例中，刘经理只用三言两语，逼对方"亮出底牌"，从而有效制止了部门主管不负责任、乱发牢骚的错误行为。这种"亮底牌"的沟通技巧，可以克制某些人的私欲。

用刺激法消除下属的抱怨

请将不如激将，面对整天抱怨的下属，管理者可以采取刺激的沟通方法，使对方从自我压抑中解脱出来，代之以上进心和荣誉感，从而达到新的心理平衡。

小杨是一家集团公司办公室的职员，每当看到那些学历不高的人发了财，心中就很不平衡。一天，他向部门领导柳主任发牢骚说："现在的社会，学历低、胆子大的人挣大钱，学历高、胆子小的人挣不了几个钱。"言外之意是抱怨工资待遇太低。

柳主任说："当今社会，学历并不重要，重要的是真才实学。人家有出息，不要不服气，有本事你也露两手瞧瞧。咱们集团公司下有几家外地分公司，由于分公司领导不善于管理，效益很差。如果你下去把分公司效益搞上去，那才说明你有能耐。"

柳主任的话对小杨触动很大，他想自己拥有硕士研究生学历，难道真不如那些文化水平低的人吗？与其整天待在办公室消磨时间，倒不如下去大干一番。于是，小杨要求下到分公司担任负责人，结果使分公司扭亏为盈。

调查实情，妥善处理

没有调查就没有发言权。当下属产生抱怨和牢骚时，管理者首先应该给予安抚，然后深入调查，掌握了实际情况之后再合理解决下属的问题。

公司老员工李龙强在年终评比后找到部门经理发牢骚，他气愤地说："我们这些人只会脚踏实地、埋头苦干，不会表现自己。可是公司评选先进工作者不能总是评那几个年轻人吧？我们这些老员工难道就不先进了吗？"

部门经理说："老潘，我能体会你的心情。这样吧，我先了解一下情况，然后再给你答复。"

李龙强见经理如此客气，心中的怨气平息了一些，接着谈了自己的感受和想法，并且汇报了一年来的工作成绩。

后来，部门经理通过调查了解，证明李龙强说的是实话，有些工作公司领导确实不知道。于是，部门经理专门提交公司领导会议研究，决定追加评选李龙强为先进工作者。

下属有怨气、发牢骚，往往情绪冲动，理智常常被感情所替代，此时较好的沟通方法是采取缓兵之计，以赢得时间去了解真实情况，寻求解决问题的方法。

化解下属矛盾有绝招

办公室是公共场所，人员相对比较集中。员工之间发生摩擦、矛盾是在所难免的。有的摩擦危害小，比如说相互之间吵几句很快就过去了，对员工的情绪并没有大影响；而有的摩擦则会升级演化为冲突，不仅影响发生冲突的员工的情绪，甚至会给其他员工带来消极影响。作为领导，这时候不出面化解下属之间的矛盾，仍然保持着一种"事不关己，高高挂起"的态度，就会成为下属眼中无能的领导。

狄仁杰和娄师德是武则天的左膀右臂，深得武则天器重。这两人素有矛盾，经常发生冲突。武则天看在眼里，急在心里，于是暗自分析矛盾产生的原因。后来她发现问题的症结在于狄仁杰自命不凡，从心里小看娄师德，千方百计排挤他。

有一天，武则天把狄仁杰找来，问道："朕非常器重你，你知道这是什么原因吗？"

狄仁杰不以为然地说："我凭借学识和能力步入仕途，不像有的人依靠溜须拍马而谋求官职。"武则天笑着说："虽然你有学问和能力，但是我并不知道啊！你能当上宰相的原因，是有人向我大力推荐。"狄仁杰有些不解，问道："哦？是谁对我如此抬爱？我一定要感谢他，以报知遇之恩！"

武则天说："是娄师德，他极力向我推荐，说你知识渊博，头脑聪明，为人正直，是个难得的人才。"说完，武则天命令手下拿出十几本娄师德推荐狄仁杰的奏折。

狄仁杰阅读之后，既为刚才的狂妄而后悔，又觉得非常对不起娄师德，心中非常愧疚。从此以后，狄仁杰经常对别人说："娄师德是我的恩人，以前我太骄傲自大了，没有娄师德的极力推荐，我根本得不到施展才华的机会。没有他这个伯乐，再好的马也只能驮货而已！"狄仁杰的话传到娄师德耳中，两人前嫌尽释，齐心协力，共同辅佐朝廷。

面对手下官员之间的矛盾，武则天没有袖手旁观，而是本着以和为贵的思想，说明娄师德曾经帮助过狄仁杰的事实。狄仁杰心生愧意，两人之间的矛盾消于无形。面对下属之间的矛盾，管理者除了积极协调、沟通之外，还可以采取"冷处理"的方法去化解。

某公司总经理需要增加一位助理来协助自己的工作，考察期为一年。后来确定了两位候选人，分别是策划部的李经理和宫副经理。这两人能力都很强，业绩非常优秀，为了争取经理助理的职位，各不相让。这种竞争本来无可厚非，但是双方采取的方法有些欠妥。你说我做事没有计划，我说你眼中没有领导；你说我私吞员工奖金，我说你谎报票据……看到这种情况，业务部方经理觉得有机可乘，向总经理打小报告，说自己比李经理和宫副经理更适合担任助理一职，而且保证能协助总经理做好工作。

然而总经理心中的目标人选仍然是李经理和宫副经理，不过他并没有明确说出来，而是装出对方经理非常感兴趣的样子。李、宫二人看到这种情形，突然醒悟过来，立即停止互相攻击，工作上更加配合了。

最后，总经理认为还是李经理综合能力更强一些，于是任命他为总经理助理。宫副经理欣然接受这种决定，并且顺理成章地升为策划部经理，与李经理的关系也非常融洽。

总经理欲擒故纵，采取了非语言的沟通方法，让两位下属自我反省，成功地化解了双方的矛盾。

虽然每个领导都不愿意看到下属之间产生矛盾，但是这种情况不可避免，而且有时矛盾来得非常突然，让人没有任何心理准备。在工作实践中，管理者应该掌握以下沟通技巧，用最为简洁有效的办法，消除下属之间的矛盾，维护和谐融洽的职场人际关系。

1. 积极处理，不可回避。

逃避不会解决任何问题，矛盾不会自己消失，假如长时间任其自由发展，可能会导致矛盾大规模升级，到时候问题就更难解决了。作为一个团队的决策者，有责任维护自己管辖范围内和谐的气氛，这是管理者不可推卸的责任。

2. "一碗水"端平。

"一碗水"端平就是要坚持公平、公正的态度对待有矛盾的下属，不能偏袒任何一方。下属对于与自己利益相关的任何一件事都会非常关注，管理者偏袒一方就会损害另一方的利益，从而会打击这位员工的积极性。要做到公平与公正，最重要的是先摆正自己的位置，用好手中的权力，在引导下属忍让的同时，公平地对待每一位下属所做的每一件事。

3. 暗中解决矛盾。

任何人都有自尊心，都不希望在众人面前失去面子，因此领导在处理下属之间的矛盾时一定要抓住这种心理特征。最好私下解决矛盾，既能给矛盾的双方保留面子，也能处理好矛盾。

4. 既要坚持原则，又要灵活变通。

处理下属之间的矛盾，必须坚持保护组织利益的原则。为了处理下属的矛盾而失去企业的原则、规章是非常不理智的。如果这样做，员工会认为企业的规章可以随意更改，从而产生原则、规章可有可无的心理。

灵活变通则要求领导在化解矛盾时不能教条式地解决问题。有时候应该考虑引发矛盾的原因，给下属一个改错的机会，只要达到教育目的即可。

这样批评下属最有效

对待下属要奖惩分明，下属表现出色时，要及时表扬，当他们犯了错误时，就要批评。但批评员工时也要注意维护他们的自尊和干劲，尽量避免引起对方的反弹情绪。

批评员工要恰到好处，领导者需要注意以下几方面的问题。

批评下属要注意场合

人人都爱面子，如果你在大庭广众之下批评下属，就等于是在落他的面子，那么即使你批评得很有道理，他心中必定也不服气。

小刘是某公司质检部的一名质检员。在一次产品质检的过程中，由于他的疏忽大意，没有及时检查出有质量问题的产品用料，给公司造成了一定损失。

产品质量总监老李知道后，当着众人的面厉声批评了小刘："你就是这样做质检员的吗？你不知道这个材料质量有问题吗？你当了几年质检员了？这点小问题都发现不了，真怀疑你有没有能力继续做下去！回头写份报告给我！"

小刘经过这件事后，工作热情削减了很多，经常迟到早退，动不动就休假，老李根本管不了，整个部门的业绩骤减。三个月后，小刘向老李递交了辞呈。据说，小刘去了一家竞争对手的公司，依然做质检员，而且颇受领导赏识。

批评下属是为了让他纠正错误，所以你必须选择他能接受的方式。如果你在人多的地方大声批评他,那就不是为了督促他改正错误,而是为了发泄你的怨气了。

"萝卜"加"大棒"批评法

所谓"高高拿起,轻轻放下",我们在向下属提出批评的时候,可以在指责之后赞美他的优点,这样不会让人有逆反心理,对批评也较容易接受,这种方式也就是俗称的"打一巴掌给个蜜枣"。

有一次,索尼总部收到了很多来自东南亚的投诉,盛田昭夫知道后立即派人调查。经调查得知,原来是下属一家分公司销售到东南亚的产品出现了质量问题,确切地说问题出在产品包装上,于是总部立即派人更换了产品包装,把问题解决了。

事后,盛怒未消的盛田昭夫邀请了这家分公司的经理参加董事会,要求他在会上陈述问题所在,并对他的错误提出了严厉批评,还告诫全体人员引以为戒。该经理在索尼工作了几十年,头一次受到如此严厉的批评,自尊心崩溃,忍不住失声痛哭起来。

会后他以为该考虑离职的事情了,没想到盛田昭夫的秘书邀请他一块儿去喝酒。喝酒之后,秘书陪他回家。刚进家门,经理的妻子就迎上来对他说:"你们总公司对你真重视!"经理感到不解,一问才恍然大悟:原来今天是他和妻子结婚20周年纪念日,盛田昭夫派人送来了一束鲜花和一张祝福卡片,卡片上的祝福语是盛田昭夫亲笔写的。

受到批评后,分公司经理的情绪一落千丈,就在这时盛田昭夫及时送上鲜花和卡片,很好地抚慰了他失落的心情,给了他很好的勉励,使他明白公司对他的器重。这一招被索尼人称为鲜花疗法,是奖罚结合的经典之作。

世间的道理都是相通的,把它应用到口才上,就是先批评,即"挥大棒"或"打一巴掌";后表扬,也就是"胡萝卜""给个蜜枣"。心理学表明,批评虽然有道理,但不等于对方会接受,被批评者最怕伤自尊。毕竟,一个人犯了错误，并不等于他就一无是处。

在我们的日常工作和生活中，这样的方法也是适用的，为了使对方虚心地接受意见，可以在批评后再赞美他的长处。就像美国著名企业家玛丽·凯什所说的那样，"不管你要批评的是什么，都必须找出对方的长处来赞美，批评前和批评后都要这么做。这就是所谓的'三明治'策略。"

批评的口气要委婉

如果被人很直接地指出错误并加以批评，谁的心里都会很不舒服，反而容易滋生出反感的情绪，很难接受对方的批评和建议。但如果口气温和、委婉，在心理上则比较容易接受。

一天早上，销售部经理见到女秘书后，便说："你昨天做的那份报告很好，很不错。"这位秘书听了受宠若惊。这时经理又不慌不忙地说："不过，要是没有错别字就会更完美了，今后打字的时候多留点心。"

在给下属提意见时，运用委婉的口气指出对方的问题所在，不仅可以照顾到对方的自尊心，还为对方留足面子，最终达到了批评的目的。

批评时不要大发脾气

有可能下属所犯的错误令你非常生气，但你也千万不要在批评他时大发脾气。这样做的后果是你在下属面前失去自己的威信，并且给下属造成是在针对他的感觉。

李女士是一家工程公司的安全协调员，她的任务就是每天在工地上转悠，提醒那些忘记戴安全帽的工人们，开始的时候，她表现得非常负责。每次一碰到没戴安全帽的人，她就会大声批评，看到他们一脸的不高兴，她又会说："我这还不是为你好，对你负责，对你的家人负责？"工人们表面虽然接受了她的训导，但满肚子不愉快，常常在她离开后就又将安全帽摘了下来。

公司的一位经理看到了这种情况，就偷偷建议李女士，不如换个方式去让他们接受自己的批评。于是，当她发现有人不戴安全帽时，就问他们是不是帽子戴起来不舒服，或有什么不合适的地方，然后她会以令人愉快的声调提醒他们，戴安全帽的目的是保护自己不受伤害，建议他们工作时一定要戴安全帽。结果遵守规定戴安全帽的人越来越多，而且也不再像以前那样出现抱怨或不满情绪了。

批评下属时的语气很重要，如果流露出怨气就不好了。批评的时候不要怒形于色，摆出怒气冲冲的样子，否则很容易引起对方的敌对情绪，如果你真的很生气，建议先把事情放一放，让自己冷静下来。

批评时的语言要简短而充满好意，不要拐弯抹角、长篇大论。主动伸出援助之手，让对方知道你真心实意想帮助他改正不足之处，你们不是对立关系。

不要做对比

批评的话语不要用事与事、人与人相互比较的方式提出来，因为情况不一样，这样的比较会伤害对方的自尊心。

一位领导对办公室秘书张兰说："你看原来的秘书也姓张，人家有礼貌，做事细心认真，从来不用我操心，你学历还比人家高，你真该向人家学习一下，把你的工作做得更好些。"

"哼，她好，她好你找她啊，雇用我干什么，我就这样，我觉得做得挺好的，每个人做事风格不一样，大不了我辞职。"

张兰的自尊心受到了伤害，其实领导并没有想要辞退他的意思，只是建议她提高自己，没想到话说得不好，效果也适得其反。

点到为止

很多情况下，下属出现过失并非主观上故意为之，而是一时冲动或糊涂所致。这时候管理者不必完全说破，只需要轻轻一点，就能够达到较为理想的效果。

当年中国女排为了保持队员的战斗力，每隔几年就要调换一批队员。每次队伍调整后都会遇到怎么处理新老队员的关系问题。

在一次训练中，郎平与当时的新二传手杨锡兰练习战术配合。不是杨锡兰传高了，就是郎平跑快了，或者不是杨锡兰传低了，就是郎平跑慢了，总是协调不起来。

眼看训练结束时间快到了，可训练指标还没完成。郎平有些不耐烦了，扣完之后去捡球时，使劲把球踢到墙上，反弹之后再捡起来。杨锡兰见郎平这副样子，有些心慌，两人配合得更加糟糕了。

这时，袁伟民教练把队员们叫到身边，对她们说："郎平、孙晋芳、张蓉芳，你们仔细回想一下，过去老队员是怎么带你们的，现在你们自己又应该怎么带新队员……"

聪明的郎平马上反应过来，很快调整了情绪。杨锡兰见教练批评了郎平，支持了她，也不再那么紧张了。继续练球时，她越传越放得开，与郎平的配合很快协调起来。

对于下属容易改正的错误，管理者最好使用沟通技巧，说一两句话使其明白即可，然后将话题转到其他地方。如果抓住不放，喋喋不休地唠叨个不停，容易让下属陷于窘境，产生反感心理。

用好行为语言，赢得下属拥护

行为是无声的语言，下属与领导交往不仅仅限于单纯的语言沟通，很多情况下都是根据举手投足等细节来判断领导的性格特征或内心真实想法。当领导显示自己的身份时，是将办公室的门敞开还是关闭？领导如何与下属打招呼，如何接听电话，如何回复信件等，每一个细节都会映入下属的脑海，都会传达自身的一种信息。

一项最新的研究表明，当我们使用肢体语言与下属沟通时，同时也会影响自己的思想。单纯的动作，比如点头或摇头，也可能会影响我们对于陈述事物的感知度。美国俄亥俄州立大学的一位心理学教授说，如果我们上下点头，表示对于自己所说的事物是充满信心的；当我们左右摇头时，表示对于自己的想法失去信心。

聪明的领导明白"行为比语言更重要"的道理，因此在与下属沟通过程中，会从以下方面注意自己的行为举止，从而树立良好的领导形象，赢得下属更多的支持和拥护。

1. 微笑。

微笑是人类宝贵的财富，是自信的标志，也是礼貌的体现。即使我们衣着寒酸，但是始终保持微笑，既不过分讨好上级，也不傲慢压制下属，同样会赢得良好的人际关系。

一位女士去应聘联合航空公司客户服务部门的一个职位。面试的时候,主考官讲话时总是故意把身体转过去背对着她。应聘的女士不明白,其实主考官并非傲慢无礼,而是在考察她的微笑。一旦她应聘成功,要通过电话处理有关预约、取消、更换或确定飞机班次的事情。

最后,主考官亲切地告诉她:"你被录取了,你的最大资本就是脸上的微笑。在以后的工作中,你要充分发挥它的作用,让所有顾客都能从电话中'听到'你的微笑。"

这就是微笑在沟通中的作用,虽然在电话中彼此看不到对方,但能体会出对方是否在微笑。作为领导,我们所面对的下属难免有的脾气不好,有的自私刻薄,有的盛气凌人,有的早已心存芥蒂。与这些下属沟通,得体的微笑往往比说教更加有效。即使下属无理取闹,胡搅蛮缠,如果我们一直保持微笑,就能稳控局面,化解对方的攻势,摆脱窘境。

2. 点头。

这是一种使用频率最高的礼貌举止,一般用于与下属打招呼。用点头来打招呼时,我们应两眼正视下属,面部略带微笑,等对方有表示时再转向他方。点头打招呼也可以在较大的迎送场合中使用,当迎送者较多或距离较远时可以用点头表示敬意,点头也可以和招手配合使用。

3. 举手。

假如沟通双方距离较远,或者仅仅是擦肩而过,时间仓促,这时可以使用举手的沟通方法。这种方式不但表示我们认出了对方,而且还可以在短时间内、远距离内表达敬意。

4. 拥抱。

拥抱是一种传达亲密感情的礼貌举止。这种礼貌举止,在欧美国家应用得比较广泛,在我国通常用于外事活动中的送往迎来等场合,偶尔地用于久别重逢、误解消除等难以用语言来表达强烈感情的特殊场合。领导在适当的时候拥抱下属，可以传达一种友好、信任、感激的信息，很容易拉近彼此之间的距离。需要注意的是，在同辈异性之间不要轻易使用这种非语言沟通方式。

5. 鼓掌。

当下属出色地完成一项重要任务，或者在会议上提出一项非常好的建议时，作为领导应该给予热烈的掌声，用来表达自己的敬意和赞赏。鼓掌时一般应伴有口头语言，如果不出声仅鼓掌也可以，但是要让下属看见我们的动作。

6. 发言时站起来。

同样的发言内容，站着和坐着说的效果完全不同。以演员在舞台上的表演为例，站着唱与坐着唱，不但歌声的效果不同，给人的感受也完全不同，前者会比后者更让人觉得有活力。同样的道理，领导站着讲话，下属的感受往往会更加强烈。此外，站着发言还有另外一个优点，那就是可以居高临下，把握全场。

7. 边听边做笔记。

下属与我们沟通时，假如对方的谈话内容较多，我们应一边倾听一边做笔记。这样做不仅表示要留下一份记录，而且还显示了想将对方所说的话留在记忆中的积极态度，对下属来说是一种敬意的表现。

8. 说话时配合手势。

美国的学生在课堂上起立发言时都要配合各种手势，尤其是学生要表达与老师不同的意见时，配合手势可以形成一种激烈辩论的气氛。如果领导能掌握这种沟通技巧，可以给下属留下更加深刻的印象。

9. 用力握手。

握手不仅是一种交际礼仪，同时也是一种沟通技巧。从心理学角度来看，一个人若是被人用力地握手，自己会很自然地用力握回去。握手虽然看起来只不过是手与手的交流，实际上是一种心与心的交流。在恰当的时候用力握下属的手，可以让对方感受到自己的热情，也会让下属觉得双方关系十分密切，从而对我们更加信任与拥护。

除了以上所述，适合上司使用的肢体语言还有很多，限于篇幅，我们不再一一列举。究竟采取哪些非语言沟通方式可以赢得更多下属的支持与拥护，需要在交往实践中不断摸索、学习和总结。

职场晋升 tips4

🎤 下属有怨气、发牢骚时，往往情绪冲动，理智常常被感情所替代，此时较好的沟通方法是采取缓兵之计，以赢得时间去了解真实情况，寻求解决问题的方法。

🎤 要做到公平与公正，最重要的是先摆正自己的位置，用好手中的权力，在引导下属忍让的同时，公平地对待每一位下属所做的每一件事。

🎤 "三明治"策略：不管你要批评的是什么，都必须找出对方的长处来赞美，批评前和批评后都要这么做。

职场有逻辑
老杜带你聊

第 5 章

与同事沟通的艺术

忍一时,风平浪静;退一步,海阔天空。

掌握同事间说话的原则

办公室里，每天都发生着纷乱复杂的事情。不管你是这些事件的主角，还是个看客，你都得和这些同事们朝夕相处。因此，掌握一些与同事说话的分寸和原则，在同事中塑造受欢迎和被欣赏的形象是至关重要的。

宽以待人

子贡曾经问孔子："老师，有没有一个字，可以作为终身奉行的原则呢？"孔子说："那大概就是'恕'吧。""恕"字用今天的话来讲，其真正含义并不是在自己犯了错误的前提下而原谅、宽容别人的错误，而是在自己毫无错误时，在不违背心理底线的情况下也能够原谅别人对自己的冒犯以及不敬，这才是真正的宽容。

宽容不仅是一种姿态，还能够体现一个人的品格和涵养。很多伟人之所以能够赢得人们的拥护和爱戴，就在于他们具备宽容这一美德。

在汉代，有一个人叫刘宽，不仅有修养而且脾气非常好。

有一天他坐牛车外出，半路上遇到一个人，说自己的牛丢了，非要看看刘宽的牛是不是自己的，其实就是怀疑刘宽偷了他的牛。一般人遇到别人无缘无故冤枉自己偷东西，可能早就忍不住要理论一番，甚至可能还会大打出手。而刘宽却一句话也没说，当时从车上下来后就直接步行回家了。

没过多久，那个丢了牛的人牵着刘宽的牛找上门来，看到刘宽赶紧道歉，说自己的牛找到了，实在是对不起，愿意接受刘宽的任何处罚。刘宽看他这样，仍旧不生气，对他说："这世界上长得相似的东西实在是太多了，认错了也是难免的，还要麻烦你亲自把牛送回来，有什么好责罚你的呢？"刘宽的这番举动和言辞可以说是相当大度，街坊邻居听闻这件事后，都十分佩服刘宽。

正所谓人非圣贤，孰能无过。我们在办公室中，经常会遇到一些不愉快的事情，尤其是年轻人，遇事冲动，有矛盾的时候，通常都不会相互容忍，最后导致矛盾升级。

俗话说："忍一时，风平浪静；退一步，海阔天空。"如果遇到同事冒犯你，或者你们之间有矛盾，最好能够宽容待人。谁都有做错事的时候，宽容地对待它，彼此都能"海阔天空"。

在实际工作中，要想宽容待人，与同事进行良好沟通，应做到以下三个方面。

1. 努力寻求共同点。

假如同事向我们表达了不同的意见，首先应该考虑同事的提议中哪些是合理的。双方在意见一致的基础上，再展开讨论，这样沟通起来就容易多了，同事之间就能够达成共识。

2. 控制自己的脾气。

人在职场，时刻要提醒自己：发脾气解决不了任何问题，而且很可能激怒对方，加剧对方的对抗心理。只有控制自己的脾气，才能以宽容的心态与同事沟通、交流。

3. 放缓工作的进展速度。

如果同事之间的看法出现了很大分歧，这时候应该放缓工作进度，充分考虑工作的发展方向，并且反复求证反对意见是否可行。在经过反复论证、思考之后，往往会找到正确的工作方法。

公私分明

在办公室中，年轻人很容易因为关系要好而导致公私不分。其实，不管你和同事的私人关系如何好，如果当公事涉及私事的时候，你千万不可因为朋友义气或者觉得抹不开面子而把公私混为一谈，这样可能将自己置于一种十分尴尬的境地，如果做得不够好，还会引起误会。所以，在遇到私交和公事相交合的时候，你一定要坚持公私分明的原则。

李静与公司广告部的蒋兰私人关系很好，经常一起出去逛街，或者到对方家里做客。有一天，蒋兰过来找李静。李静很是惊讶，笑着说："咱俩可不是一个部门，工作时间你来找我，小心被领导看见。"蒋兰说道："我们部门现在有个广告计划，希望与某公司合作。但我在这公司没有熟人，没办法和他们领导见面，我知道你和这个公司的一个经理很熟，所以想请你帮忙介绍一下，帮我说几句话，事成之后，我不会亏待你的。"

李静一听，感到很为难，想直接回绝，又怕蒋兰不高兴。但是她又不想把公事和私交混在一起。于是，对蒋兰说："其实这件事不难，不过我多少听说你们这个广告计划是很急的，我是认识那个经理，但她这段时间在休假，等她回来你们的计划可能就耽误了。"蒋兰一听就明白了，李静补了一句，"我听那个朋友说这个公司的老板很不错，你可以直接去拜访他。"

其实，李静和蒋兰不是一个部门，插手其他部门的事，怕自己的领导不高兴。而且如果办不成的话，反倒影响了自己和蒋兰的友谊。

如果你遇到这种用私交来办公事的事情时候，一定要遵守公私分明的沟通原则，这样才不会危及大家的情谊。

不要正面争吵

当你发现一个和你很熟识的同事在到处散播谣言，说你的坏话，这时你会发现，原来平日的亲切，完全是对方的表面文章。你也许很想揭露他的真面目。但是，要提醒的是千万不要这样做，因为大家是同事关系，你若做出绝交的姿态，最后吃亏的一定是你。你这样做别人就会认为问题出在你身上，还会给对方留下伤害你的话柄，这是非常不明智的。而且你们在同一个办公室工作，每天上班的时候都和对方冷眼相对，这是会影响工作的，同时还会影响其他同事的工作，到时候大家会把责任归到你的身上。更何况领导最不喜欢下属因私事交恶而影响工作。

所以，在遇到这样的事情时要冷静面对，千万别说过火的话，比如，"你凭什么在背后说我的坏话？"这样对谁都不利。对待这样的同事，只要暗中将自己与他的距离拉开就行了。路遥知马力，日久见人心。时间长了，谁是什么样的人，大家自然都是再清楚不过了。他给你造的谣自然也就不攻自破了。

让"感谢"成为职场习惯

懂得感谢是一种美德,善于感谢是一种能力。职场中,适时适当的感谢可为你的形象加分,展示你通情达理、值得交往的一面。感谢不见得一定大张旗鼓,它可以是一句话、一个眼神、一抹微笑。只要心存感恩,并把它表达出来,让别人感受到,就可以让你的社交生涯更加顺利。一个懂得感谢别人的人,才是一个值得别人交往和付出的人。

要养成感谢的习惯

中国人一般比较含蓄,讲究"大恩不言谢",当别人帮助了自己时,经常不愿意把谢意表示出来。一是觉得没必要说谢谢,二是没养成感谢的习惯,三是把谢意埋在心里,希望日后报答。这三种想法都是职场的大忌。

总觉得没必要感谢的人,会把同事的好当成理所当然,这样的人,谁愿意继续交往?而没养成感谢习惯的人,会在别人帮了自己后毫无表示,可能让人觉得你不通人情世故,做人不成熟。期望日后报答的人,一直拖下去不但会让当时帮你的人失望不悦,日久之后,连自己的感恩之心也会淡薄,不知不觉和别人疏远。这样,自己就会越来越孤立。

小李是一个计算机编程员,他虽然来公司的时间不长,但所有人却都非常喜欢他,乐意帮助他,因为小李非常懂得感谢别人,让别人觉得很受重视。

有一次小李遇到了一个工作难题,他的同事主动帮了他。小李很快完成了任务，对此，他对同事立刻表示了感谢。事后，还请这位同事喝了一次酒，并说："非常感谢你的帮助……"同事也很高兴，此后不但经常帮他，还和他走得更近了，小李也因此在工作上取得了很大进步。

小李曾很有感触地说："是感恩的心态改变了我的人生。我对周围的点滴关怀和帮助都非常感激，并一定要把这种感激表达出来。这样做不但让我的工作更加愉快，收获也更多，使我很快获得了加薪和升职的机会。"

及时地感谢别人，不仅是一种良好的心态，也是一种高明的处事态度。当你对别人的帮助表示感谢时，你们之间的关系就会发生变化，彼此之间的距离也会缩短。你们会产生一种隐形的共鸣，令彼此更加欢悦满意，这样的交际气氛，自然会更加友好和谐。

小邓是北京某星级酒店公关部主管，她有一个交际的小秘诀，那就是多对别人表达感谢之情。比如在聚会上，她会感谢每一个帮助自己的人，甚至包括那些穿梭于人群中的服务生。她说："也许服务生只是一个大学生，为了学费来打工，也许他已跟随主人多年，熟悉主人的喜好。但无论如何都应坚信，对别人发自内心的感谢，一定会有回报。"就这样，凭借这个交际秘诀，小邓做得越来越好，不到一年，就从普通职员升任为公关部主管。

所以，要养成及时感谢别人的习惯。仅仅在心里感激、赞赏别人是远远不够的，应把这种感激、赞赏之情表达出来。只有这样，别人才会觉得帮你是值得的。哪怕别人对你的帮助很小，但只要对方付出了心力和好意，你也应当表示感谢。

养成感谢的习惯，是赢得职场良好人际关系的基石。有了这块基石，你才能不断地结交新朋友。如果经常有意识地练习，感谢就会成为一种习惯。这种习惯对我们的人际交往能起到不可估量的作用。

掌握感谢的技巧

中国人向来重感情，但却过于含蓄，以为行胜于言。或者想表达感激之情，但却不知道该如何开口。其实，表达感激之情并非难事，要想让同事感到愉快，就要懂一些感谢"技巧"。

1. 感谢的关键是态度真诚。

表达感谢不是表面功夫，而是真情流露。这种感谢应当发自内心，不能言不由衷，敷衍了事。一句发自内心的"谢谢"，远比洋洋洒洒地炫耀语言技巧更让人感动。

2. 感谢时，表达要自然。

感谢不能吞吞吐吐，也不能含糊不清、词不达意。否则别人会觉得很做作。表达感谢要有事实依据，别人确实做了对你有用的事，所以你在表达这种感谢时应当快乐而感恩。

3. 表示感谢时，要看着对方的眼睛。

因为互相注视时，交流通常更容易。注视对方眼睛时，能显得更真诚、更发自内心，别人也会觉得更舒服和坦然。

当你感谢别人时，你也正在积累着巨大的人际关系财富，这是你不须花费金钱就能得来的"好人缘"，它可以给你整个人生带来数不清的好处。

如何说服意见不合的同事

俗话说，七爷子，八条心。一个家里尚且如此，在职场上，意见不统一、心思不合拍的更是大有人在。我们撇开其他的不说，单说在办公室里与同事意见不合时，该如何把握沟通技巧呢？

心理学家告诉我们，与意见不合的人说话，首先要创造出双方心理相容的谈话气氛，唯有先使对方心理与你的心理相容，他才会坐下来听你的话，才有可能达到你谈话的目的。要使对方一步一步地向你的观点靠近，这就要求你的谈话内容不能超出对方心理所能承受的程度，一旦超出其心理相容度，对方听你的话就更不顺耳，对你的意见就更大了。与意见不合的人说话，我们应做到以下几个方面。

找出意见不合的真正原因

尽量找到你所面对的固执己见的原因及其真正的想法。设想那些同事最欣赏的做法，坦诚地向他们承认，你也欣赏那样的做法。仔细听他们说些什么，然后向他们重复其观点，因为这些人很高兴你认真听取并了解他们所说的一切，如果你首先与其站在协同的一边，然后循循诱导，这样也许会使他们更容易妥协让步。

如果你不便直接出面，还可以找个中间人帮你疏通，替你讲明你的理由正当而充分。当然，你请去充当说客的这个中间人，必须自己要信得过才行。如果自己信不过，让他去当中间人，未必会真心帮你调解，有时还会帮倒忙。

你始终要记住：与意见不合的同事说话，你所采用的方法应使他觉得你是在跟他商量，而不是一种对抗和挑战。

对症下药，寻找共鸣

找到了与你意见不合的同事的真正原因后，你就要寻找问题的症结，然后才能对症下药去寻找共鸣。

那么，如何一开口便获得期待中的"赞同反应"？

甚为简单！首先是找到一个共同的赞同点。这是林肯成功的秘诀。林肯甚至在讨论高度火爆的奴隶问题时，都能找到这种共同的赞同点。

面对异议，一般人的做法是在自己有充分理由可以对抗对方提出的不满时，都会从正面攻击对方的抱怨，暴露对方的不对，但这种做法反而会使对方的不满情绪愈来愈高昂，态度也会更强硬，所以不算是有效方法。应该像下面的案例一样，故意重视成为焦点的问题，对方会因为事情弄得太大而感到害怕，抱怨的锋芒就会迟钝下来，最后自动收兵。

某大公司为了新开发的产品是属于都市型还是乡村型，而产生了两派相对的意见，引起相当大的争论。公司经理看到下属这么争论不已，便宣布暂停开会。当再度开会时，本来主张是乡村型的某带头人却这么说："大家若主张都市型的话，我也觉得不无道理。因为我从小在都市生活，对乡村不太了解，所以我也不敢断言，我只是觉得像是乡村型。我很愿意再听听主张都市型的意见，使我态度的转变更合理。"于是争论变成了讨论，气氛好多了。后来又展开长时间的讨论，结论是属于乡村型，而且本来对立的双方心中都没有芥蒂地欣然赞成。

与意见相左的同事共同前进

不管同事怎样冒犯你，或者你们之间产生什么矛盾，总之"得饶人处且饶人"，多一事，不如少一事。俗话说得好："忍字头上一把刀。"凡事能够忍让一点儿，日后你有什么行差踏错，同事也不会做得太过分，逼你走向绝境。那么如何才能培养出这种豁达的情操呢？可以让心思意念集中在一些美好的事情上，比如对方的优点，你在公司里所奠定的成就等。当你的报复或负面的思想产生时，叫自己停止再想下去！

当你偶然发现某位跟你十分默契的同事，竟然在你背后四处散播谣言，数落你的不是和缺点时，你才猛然觉醒，原来平日的喜眉笑目，完全是对方的表面文章。

震惊之余，你可能会想，跟他一刀两断吧！这样也不好，因为你们天天在一起上班，进出都会照面，如果你明着和他闹翻，两人相见也分外仇恨，你一定会吃亏，再则别人以为你主动跟他反目成仇，问题必然出在你身上，这无形中给对方又多一个借口去伤害你。所以你要大度一点儿，不如这样想：肯定是自己某些方面确实有缺点，你能做的就是改掉缺点，不断完善自己，努力做个受欢迎的人。

不过，对这样的同事，只要暗中将自己跟他的距离拉远就行了。但表面说话时最好保持以往跟他的关系，面对狡猾之人，你私下里不妨偶尔语带双关去刺激他一番，跟他提个醒："世途险恶，最亲密的人有时会是最大的敌人。""父母常教我要分辨忠良，不要轻信他人。"

你的同事自然会明白你的言外之意，也许会有所收敛。如果他依然如故，你不妨去找一个走中间路线的同事，旁敲侧击地向他探问，究竟同事们对你有什么不满。当知道了问题所在后，冷静地检讨，认定自己可以做出哪些改变，努力显示自己的改变，将他们看着不顺眼的地方加以完善。这样一来，大家看到的就是一个进步的你，你的形象还会和以前一样好。

这样做不是没有性格，也不是妥协，更不是窝囊，而是对自己工作的负责，对工作的一种赤诚。而诚意对于同事间相处是十分重要的，大家相处融洽，合作起来才能事半功倍。

给同事提建议有技巧

职场中每一位员工的言行不可能完美无缺，有时会出现一些疏忽，有时会出现一些闪失，这都是不可避免的。作为朝夕相处的同事，当我们发现别人犯了错误而提出建议时，一定要讲究沟通的方法。那么如何给同事提建议，既能让对方欣然接受，又不影响我们的人际关系呢？这就需要我们掌握以下沟通技巧。

一定要委婉

同事之间相处，难免有矛盾和不愉快的事发生。当遇到一些同事，对其差劲的表现不吐不快时，尤其需要注意沟通的方式、语言和技巧。

刘洋在职场上打拼了很多年，也遇到了各种各样的人和事，也算是经验老到、见过世面的一个"职场能手"。但是她是个心直口快、心里搁不住事儿的人，有什么就说什么，从来不懂得隐瞒自己的观点，所以她总是得罪人。

有的同事把茶水倒在纸篓里，弄得一地水，她会叫他不要这样做；有的同事在办公室里抽烟，她会请他出去抽；有的同事喜欢没完没了地打电话，她就告诉他不要随便浪费公司的资源……她这样做是好心，但有时她在说人时让经理看见，她的同事不是挨一顿责骂，就是被扣奖金。

她这样做的后果是把同事们都给得罪了。每个人都对她有一大堆意见，甚至大伙一起出去聚会也不叫她。有一次她实在气不过，就向经理反映，没想到经理也不怎么支持她，反倒弄得她在公司里更加被动。她非常想不通，明明自己是实话实说，为什么结局是这样的？难道做人就一定要虚伪做作吗？

刘洋的这种情况在办公室中是很常见的。人们的日常生活离不开与人打交道，如果与自己的同事关系处不好，又要天天见面，的确叫人难受。

从上述事例来看，对于同事的一些缺点，实话实说本身并没有错，心胸坦荡、为人正直这是许多人都赞赏的美德。但问题在于，实话实说也要考虑时间、地点、对象以及其他同事的接受能力。所以，有时说话过于直率，言辞过于生硬，会产生不良效果，不但达不到善意的初衷，而且有时会走向极端，给自己带来不必要的麻烦。如何才能避免这些呢？

当面对一个总是不断犯错误的同事，在进行沟通的时候，我们在指出同事缺点的时候，一定要讲究方式，一定要顾及对方的感受，委婉地表达你的想法，这样对方会很容易接受，还不会造成不必要的麻烦。也可以找一个恰当的机会，比如大家一起吃饭或聊天的时候，委婉地说出自己的想法，与当事人交换意见，也许更会得到对方的理解；或者用一个幽默来表达自己的看法，肯定有利于问题的解决。

暗示建议法

暗示建议法是指在对方没有产生对抗情绪的基础上，用含蓄、间接的方式对人的心理或行为产生影响，使其产生与暗示内容相一致的结果。

小吕是一位文学爱好者，业余时间喜欢写文章。有一次，小吕写了一篇报告文学，投稿之前让一位水平较高的同事孔先生过目。孔先生发现这篇文章不太符合报告文学的文体，便说："你这篇文章如果投到《××月刊》，肯定会受到编辑的好评。"小吕马上明白了这篇文章并不是报告文学，于是在孔先生的帮助下重新进行了修改。

孔先生发现了同事小吕的错误，没有直接指出来，而是通过暗示的方法，让其自己领悟。这样比直接批评委婉一些，对方更容易接受。

"下不为例"法

在某种情况下,同事工作中出现问题,我们可以用宽容的心态来对待,但是要告诉对方"下不为例"。

公司职员小凯与阿华共同负责一个项目的策划方案。由于小凯工作拖拖拉拉,每次都不能按照计划完成任务。为此,经理对他俩的工作态度及能力非常不满。阿华觉得再这样下去,恐怕两人都得被"炒鱿鱼"。

于是,阿华这样对同事说:"小凯,我知道你最近工作很忙,所以没办法每次都严格按照计划完成策划方案。其实我觉得偶尔一两次倒无所谓,只要以后尽量按时完成就好了。下不为例啊!"

小凯点点头,以后再也没出现过类似现象。

事例中,阿华先说"偶尔一两次无所谓",相当于已经宽容了小凯以前的过错,这样小凯就不好意思再犯类似错误了。阿华运用了一个小小的沟通技巧,便达到了批评同事的目的。

给出其他建议法

如果与我们合作的同事不能顺利完成工作,我们不必直言批评,可以向其提出建议。既可以表示我们的不满,又能促使对方改进工作方法。

同事找出这样的借口:"我知道这份订单非常重要,但是时间太紧张了,恐怕不能完成。"

这时我们可以说:"能不能想个其他的解决办法呢?"或者说:"如果时间太紧的话,我们加几天班吧,单位许多同事任务繁重的时候,都会加班的。"

承认错误法

王先生是一位年纪较大的工程师,最近由于工作繁忙,公司委派史小姐做他的助手。史小姐参加工作时间不长,经常犯一些错误。有一次,王先生真想批评她几句,但转念一想,她年纪小,缺乏工作经验,于是改用温和的语气说:"你现在犯错误是难免的,我在你这个年纪的时候,犯的错误更多。随着年龄的增长，你的能力一定会得到提高。人都是在不断改正错误的过程中成长起来的。"史小姐非常诚恳地接受了王先生的意见，以后工作时犯错的情况越来越少了。

王先生先承认自己也犯过类似错误，从心理上拉近了与史小姐之间的距离，因而他的建议更容易让同事接受。

强调正面意义法

杨斐和刘兰组建了一个直播带货的公司，既是同事，又是恋人。有一天下班后，两人和刘兰的几个朋友一起吃饭。席间，杨斐口若悬河，大谈特谈自己的能力和业绩。当别人发表意见的时候，杨斐常常插嘴打断对方。刘兰非常生气，批评他说："你少说几句行不行？别人讲话你老插嘴，太不尊重他人了吧？"

杨斐当众受到训斥，觉得非常丢面子，反驳了几句，最后大家不欢而散。后来刘兰经过反思，认识到自己批评杨斐的方法不太恰当，心中产生了一丝悔意。

不久，杨斐又在朋友聚会时高谈阔论，刘兰没有当场指责。聚会散了之后，刘兰对他说："如果你不那样独自占用所有的讲话时间，我会更喜欢和你在一起。我说话的时候不喜欢被别人打断，其他人也有同感。你已经养成了嗓门大、打断别人说话的习惯，一时不容易改掉。以后遇到这种场合，我眨眨眼睛提示你一下，你尽量控制一下自己。这样大家就会更加乐意与你交往。"

杨斐接受了刘兰的建议，渐渐改掉了以前的不良习惯。

第一次刘兰批评杨斐的时候，强调了反面结果（指责他"不尊重他人"），杨斐出言反驳，沟通失败。第二次刘兰使用了强调正面意义的沟通技巧（"如果改掉不良习惯，我和其他朋友将更加喜欢你"），对方受到鼓励，便痛快地接受了她的批评。

归谬证误建议法

由于业绩优秀，某公司的苏先生不仅获得丰厚奖金，而且被提拔为部门经理。渐渐地，苏先生有些看不上自己的妻子，打算离婚。同事方先生得知此事，劝他不可鲁莽行事。苏先生振振有词地说："现在我的地位提高了，爱情也应当更新。"

方先生说："爱情需要更新，但不应该更换爱人。按照你的更新方法，收入和地位提高一次，就变换一次'爱情'，将来涨了工资，升为公司经理，将会更换多少次爱人呢？"

苏先生哑口无言，打消了离婚的念头。

这种方法也叫归谬证误建议法，暂且假定对方观点正确，然后顺着对方的逻辑思路，把这种观点导向荒谬的境地，使对方观点的错误性明显地暴露出来，从而有效地达到批评、说服对方的目的。对于某些为自己错误想法和行为狡辩的同事，这是一种非常有效的沟通方法。

如何开口求助同事

俗话说："一个篱笆三个桩，一个好汉三个帮。"作为一名职场人，肯定会遇到各种各样的困难，有时候仅凭自己的力量很难解决问题，这时候就需要取得同事的帮助。然而"求人难，难于上青天"，我们该如何开口向同事求助呢？

烘托气氛，以情动人

我们与同事在同一家公司上班，感受同一种压力，工作中相互配合，时间长了自然会产生感情。只要我们运用恰当的语言说出所面临的困难，一般都会得到同事的帮助。

公司员工小乔马上就要结婚了，这几天正为新房装修的事而犯愁：还差两万多元钱。小乔考虑良久，决定求同事杨大姐帮忙。

星期天早晨，小乔露出满脸笑容（好像对方能看见似的），拨通了杨大姐的电话。对方刚说"喂"，小乔就非常热情地说："杨大姐，我是小乔。您最近挺好吧？"

杨大姐说："哦，还好，只是腰疼的老毛病又犯了。"

小乔说："那您一定要注意啊，别坐太软的椅子。听说有家医院专门治疗腰疼，下周日我陪您去检查一下。对了，孩子怎么样……哦，孩子像您，非常聪明啊！"

小乔与杨大姐聊了半个多小时，这才抓住机会进入主题："您问我怎么样？唉，别提了，房子装修还缺两万块钱。本来打算求您帮忙周转一下，可是您总是照顾我，所以怕给您添麻烦，一直没好意思开口。"

杨大姐说："小乔你不用太客气，大家都是同事嘛。谁都会遇到困难，大姐帮你这个忙。"

从事例中不难看出，小乔平时就注重与同事建立良好的人际关系。向同事求助时没有直奔主题，而是先烘托气氛，对同事嘘寒问暖，目的是以真情打动对方；最后提出帮忙请求，对方便不好意思拒绝了。

态度诚恳，以静制动

人们都具有同情心，如果向同事倾诉自己的实际困难，他们一般都会伸出援手。

小王接受了领导安排的一项工作，但是他无法独立完成，需要别人的帮助。于是他想找小李帮助，因为小李在这项工作方面是高手，可是怎么开口呢？

说法1：小王找到小李说："小李，我接手了一项工作，自己实在搞不定了，帮个忙吧！"小李面露难色，"我这段时间也挺忙，你还是看看别人有空没有，比如老张！"

说法2：小王说："小李，你是这方面的高手，这个工作要是没有你的帮助，我确实是完不成啊！"小李见小王态度诚恳，为了不负自己的好名声，就答应了小王的请求，帮他完成了工作。

不同的说法，得到的结果完全不同，所以在找人帮忙时一定要注意自己的态度和语言。同时，在别人帮了你之后，千万不要忘记答谢，否则会让人感觉你过河拆桥，以后可能别人再也不愿意帮你了。

运用激将法

求人帮忙者一般处于弱势地位，应该尽量使用谦恭的语气与对方沟通，但是真正的沟通高手，却不用低三下四去央求别人，他们会采用激将法促使对方主动帮忙。在这方面，诸葛亮堪称典范。

赤壁大战之前，诸葛亮准备联吴抗曹。他对孙权说："孙将军，你要分析形势，现在曹军南下，要么积极抵抗，要么赶快投降。如果等待观望，就会错过最佳时机，大祸就要临头了。"

孙权反问："那你家主公刘备为什么不投降呢？"

这时诸葛亮采取了激将法："我家主公是汉室宗亲，当世英雄，前来投奔他的人像滔滔江水，连绵不断。这种英雄人物即使失败了，也是天意不扶。他怎么会像凡夫俗子那样去投降敌人呢？"

孙权站起来，说："我也是当世英雄，手下兵多将广，早有抗曹的决心。"

诸葛亮仅用寥寥数语就把孙权激怒了，答应与刘备联手抗曹。后来孙刘联军在赤壁之战中大破曹军。

利用兴趣点，让其主动帮忙

一个人对某件事情感兴趣，做起来会积极主动。假如没有兴趣，即使强迫他去做，他心中也是极不情愿。充分明白这个道理，我们就可以利用同事的兴趣，让他帮忙完成某项工作，处理生活中的一些事情。

周五那天，某公司业务部员工卢先生和一位客户约好，下班后在一家咖啡厅见面，商谈产品购销事宜。正准备出发时，忽然想起妻子嘱咐他买两张篮球赛的门票，打算明天休息时去观看比赛。现在时间已经来不及了，怎么办呢？卢先生略一思忖，想出一个办法。他来到同事小周面前，说："小周，听说你对篮球非常感兴趣，是吗？"

"是啊，您怎么想起问这个来了？"

"明天上午体育馆有一场篮球赛，你知道吗？"

"知道啊，咱俩明天一起去看吧。"

"太好了，下班后你去买三张门票，我明天带着你嫂子，让她也凑凑热闹。"

"好，我与嫂子从未谋面，正想见见她呢。"

卢先生三言两语就让小周帮忙办了一件小事。虽然是工作之外的小事，但如果不是利用同事的兴趣，而是直接请求，即使小周碍于面子不好意思拒绝，恐怕心中也会产生一些牢骚。

求人语调要柔和

有些员工与同事沟通时，其本意是好的，但是由于语调过于生硬，很容易引起对方的反感，建议使用柔和的语调请同事帮忙。但是并不意味着说话要柔声柔气，而是用委婉的、商量的语气，这样才能使对方感到我们有求于他而且尊重他，他才肯帮忙。

有些业绩不菲的员工养成了自以为是的说话语调，即使求别人帮忙，说话也像老板那样拖腔拉调、哼哼嗯嗯。他们认为这样能体现出自己高人一等，实际上别人会感到很不自然，从而产生一种本能的抵触情绪。

杜莹莹是一家广告公司的资深业务员，性格开朗，待人热情，但是说话语调有些尖厉，给人一种盛气凌人的感觉。有一次，杜莹莹请同事帮忙，本想自己平时帮助过他，他肯定也会帮助自己。但出乎意料的是，同事拒绝了。后来那位同事对别人说："我很想帮助杜莹莹，但她好像是命令我似的，因此……"

显然，杜莹莹由于说话的语调不合适而导致沟通失败。由此可见，求同事帮忙时最忌讳傲慢的腔调以及高高在上的神情。如果以谦逊的态度和委婉的语调与他人沟通，则会取得截然不同的效果。

这些职场话题是禁忌

在办公室中,同事之间都处于竞争的位置,所以在说话的时候一定要注意,不要对什么事都打听,更不要胡乱说话,俗话说"好奇害死猫",为了不给自己招惹麻烦,一定要知道哪些话在办公室中不该说。

薪水问题

探听别人的薪水,是每个公司的大忌,因为同事之间工资往往都是有差别的,"同工不同酬"是老板常用的一种奖优罚劣的手法,所以发薪时老板有意单线联系,不公开数额,并叮嘱不要让他人知道。但这个手段是把双刃剑,如果使用不当,很容易造成员工之间产生矛盾,而且最终会将矛头直指老板,这当然是他所不想见到的,所以他对好打听薪水的人总是格外防备。

有的人打探别人时喜欢先亮出自己,比如先说"我这月工资多少、奖金多少,你呢?"如果他比你薪酬多,他会假装同情,心里却暗自得意。如果他没你收入多,他就会心理不平衡了,表面上可能是一脸羡慕,私底下往往不服,这时候你就该小心了。

首先,你不要做这样的人。其次,如果你碰巧有这样的同事,最好早点做好准备。当他把话题往工资上引时,你要尽早打断他,以公司的规定来使其闭嘴;如果不幸他语速很快,没等你拦住就把话都说了,也不要紧,用幽默语言处理,你可以说:"对不起,对这件事我不想发表任何言论。"有来无回一次,就不会有下次了。

人生理想

不要在办公室里谈你的人生和理想，这会被别人耻笑的。既然你是在打工，那就安心打工吧，雄心壮志的话可以在你自己的私密空间和家人、朋友说。在公司里，不要没事时整天念叨"我要当老板，我要创业"，这样说很容易被领导当成敌人，或被同事看作异己。

如果你在办公室里说"在公司我的水平至少够副总"或是"35岁时我一定能干到部门经理"这样的话，很可能就将自己放在同事的对立面上。你公开自己的进取心，就等于公开向公司里的同事挑战。

做人要低调一点，是自我保护的好方法。你的价值体现在做多少事上，虽然现在的社会讲究表现自己，但是在该表现时表现，不该表现的时候就得低调做人，有句话说"胸有激雷而面如平湖者，可拜上将军"，所有成大事者都是低调的人。

个人生活

如果你在生活中正在热恋或者面对失恋，你要隐藏你的情绪，千万不要把情绪带到工作中来，更不要把你的故事带进办公室里。

虽然你的话题很容易引起大家的关注，但那只是一时痛快。当你在说自己的私事的时候，要知道说出口的话如同泼出去的水，再也收不回来了，日后如果遇到什么矛盾，你的这些隐私，很有可能就是别人攻击你的把柄。

办公室中可以说风云变幻、错综复杂，把自己的隐私保护起来，不要在办公室中谈论，轻易不让办公室的人涉足你的私密世界，是非常明智的一招，是竞争压力下的自我保护。

同时也要注意，"己所不欲，勿施于人"。不在办公室说自己的私密，也不要打听别人的私事，更不要议论公司里的是非长短。你以为议论别人没关系，到最后很有可能引火烧身，等到火烧到自己身上，那时再"逃跑"就显得被动。

一定要牢记这句话：静坐常思己过，闲谈莫论人非。

别人的隐私

我们都很讨厌别人知道自己的隐私，而且在生活中由于探听和泄露别人的隐私引发的矛盾数不胜数。所以那些热衷于打听别人隐私的人是令人讨厌的。

大家都知道，在西方人的应酬中，"探问女士的年龄"被看成是最不礼貌的习惯之一，所以西方人在日常应酬中可以对女士毫无顾忌地大加赞赏，却不去过问对方的年龄，这是"不能说的秘密"。

如果在工作中你打算向同事提出某个问题，最好是先在脑中过一遍，看这个问题是否会涉及对方的隐私，如果涉及了，要尽可能地避免，这样对方不仅会乐于接受你，还会为你得体的问话与轻松的交谈而对你留下好印象，为同事间的交往打下良好的基础。

在与同事的相处中，比如女士的年龄、工作情况；经济收入、家庭内务；存款、夫妻感情、身体(疾病)情况、私生活、不愿公开的工作计划等，这些问题都是要回避的。

不可炫耀

我们在社会交往和工作中要对别人坦诚相待，但是并不是无原则地坦诚，而是要分人和分事，哪些话该说，哪些话不该说，心里必须有分寸。就算你刚刚新买了车子或利用假期去欧洲旅游了一次，也没必要拿到办公室来炫耀，有些快乐分享的圈子越小越好。被人妒忌的滋味并不好受，因为容易招人算计。

无论露富还是哭穷，在办公室里都显得做作，与其讨人嫌，不如知趣一点儿，不该说的话不说。

化解与同事的矛盾

处在一个办公室里，和同事几乎天天见面，各人的性格脾气禀性、优点和缺点也暴露得比较明显，尤其个人行为上的缺点和性格上的弱点暴露得多了，就会引起各种各样的冲突和矛盾。如果跟同事闹矛盾，不但伤害感情，也影响工作，事情闹大了，还容易引起领导的不满，影响你的前途，所以跟同事闹矛盾最好能和平解决，否则简直就是在自找麻烦。

吴萍越来越讨厌财务部的王会计，每次到她那里去取报表什么的，都要费半天劲，结果还被经理说成是"办事慢吞吞"！王会计也非常讨厌吴萍，觉得她整天咋咋呼呼，不尊敬老员工，结果两人越弄越僵。吴萍经常冷嘲热讽、使脸色；王会计就说东道西、指桑骂槐。吴萍真想换工作，可除了与王会计的矛盾外，一切都很顺利，她还真舍不得这份工作，她该怎么办呢？

吴萍和王会计的矛盾其实属于性格和处事上的矛盾，并不是不可调和的，还没有到要为此换工作的地步。况且，同事之间即使有了矛盾，仍然是可以来往的。

首先，任何同事之间的意见往往都是起源于一些具体事件，并不涉及个人的其他方面。事情过去之后，这种冲突和矛盾可能会由于人们思维的惯性而延续一段时间，但时间一长，也会逐渐淡忘。所以，不要因为过去的小意见而耿耿于怀。只要你大大方方，不把过去的事当一回事，对方也会以同样豁达的态度对待你。

其次，即使对方对你仍有一定的成见，也不妨碍你与他的交往。因为在同事之间的来往中，我们所追求的不是朋友之间的那种友谊和感情，而仅仅是工作、是任务。彼此之间有矛盾没关系，只要双方在工作中能合作就行了。由于工作本身涉及双方的共同利益，彼此间合作如何，事情成功与否，都与双方有关。如果对方是一个聪明人，他自然会想到这一点；这样，他也会努力与你合作。如果对方执迷不悟，你不妨在合作或共事中向他点明这一点，以利于相互之间的合作。

同事之间有了矛盾并不可怕，只要我们能够积极采取措施去化解矛盾，同事之间仍是可以和好如初，甚至比以前的关系更好。

主动化解矛盾

要化解同事之间的矛盾，就应该采取主动的态度，不妨尝试着抛开过去的成见，更积极地对待对方，至少要像对待其他人一样地对待他们。一开始，他们可能会心存戒意，而且会认为这是个圈套而不予理会。但只要耐心些，要坚持善待他们，一点点地改进，慢慢地总能改善你们之间的关系。

如果问题比较严重，你可以主动找他们沟通，并确认是你不经意地做了一些事儿得罪了他们。当然这要在你做了大量的内部工作，且真诚希望与对方和好后才能这样行动。你可以心平气和地解释一下你的想法，比如你很看重和他们建立良好的工作关系，也许双方存在误会等。如果你的确做了令他们生气的事儿，而他们又坚持说你们之间没有任何问题时，责任就完全在他们那一方了。或许他们会告诉你一些问题，而这些问题或许不是你心目中想的那个问题，然而，不论他们讲什么，一定要听他们讲完。

同时，为了能表示你听了而且理解了他们讲的话，你可以用你自己的话来重述一遍那些关键内容，了解了症结所在后，可以以此为重新建立良好关系的切入点。

注意自我反省

当得知有人对你怀着敌意时,用不着愤愤不平,不妨对自己进行一番反省,想想自己平常在工作中与同事交往时是否存在不妥之处。在以后相处时,多几分谨慎,少说些易引起误解的话,避免授人以柄。这样,有助于你在人际交往中更为成熟、稳妥,少些是非。

通过"中间人"化解矛盾

找个双方都能接受的人为"中间人",通过他代为传话,以化解或是中止敌意,这可以达到两个目的,一是把自己的想法和事实告知对方,起到澄清事实真相、消除误会、沟通了解的作用;二是让对方知道,已了解到对方的所作所为,从而起到警示作用,使对方有所收敛。

与同事相处千万不能太较真,有矛盾最好和平解决,而一些鸡毛蒜皮的小事就让它过去。度量大一点儿你并不会吃多少亏,反而会有个好人缘。

及时道歉化解矛盾

当我们在工作中无意冒犯他人以后,为了缓和矛盾和紧张尴尬的气氛,不影响办公室的人际关系,最好的选择是主动、坦诚地检讨过失;如果故意遮遮掩掩,反而会使事态扩大,把事情弄砸。

某公司职员大刘,因开了一回过火的玩笑而冒犯了同事刘姐,使对方非常愤怒,他自己也因此处于一种骑虎难下的状态中。这时,他意识到了同事间的矛盾,如果只是像通常那样顺口道个歉,可能显得缺乏诚意,太草率了一些;于是,他诚恳地说:"对不起,刘姐,怪我忽略了这里的场合,胡乱说话,作为小辈,我向你真诚道歉,我保证今后再也不会发生类似的情况了。请你高抬贵手,大人不记小人过。"

诚者,天之道也,思诚者,人之道也。这番真诚的道歉话,使刘姐心情逐渐平静下来,原谅了大刘。大刘的道歉之所以恰到好处,其关键就在于他懂得根据自身过失的大小轻重来调整自己的语言方式,让刘姐感受到自己的真诚。

试想，如果他只是像一般情况下的那种一声"对不起"式的道歉，显然有些轻描淡写了，也就不容易得到对方的谅解，难免为双方的关系蒙上一层阴影。

职场晋升 tips 5

在职场中，遇到背后议论别人的人，你不妨这么做：

🎤 善意规劝。要尊重对方，并引导对方获得正确的做事方法。

🎤 冷淡处理。遇到长舌之人，最好的处理方式就是充耳不闻，面对流言不做任何反馈。

🎤 保持距离。如果对方喜欢当着你的面说东说西、搬弄是非，以致对你的情绪造成负面影响，你可以找其他借口推脱。

职场有逻辑
老杜带你聊

第 6 章

求职面试的沟通技巧

过去的工资不重要,关键是我的工作能力。

求职面试的沟通法则

当我们在求职面试时，自我介绍是必不可少的，成功的自我介绍往往能够打动面试官，给对方留下深刻印象，这样你的求职就成功了一半。大多数人认为，介绍自己是一件很容易的事情，其实这种想法是错误的，俗话说"说人易，说己难"，在求职面试的时候，介绍自己是最困难的一部分。所以我们一定要在面试时候的自我介绍方面下功夫。

热情礼貌

在见到面试官的时候，作为求职者应该先向对方打招呼，如果有多个面试考官在场的话，也应该做到一一示意，并说一声谢谢，这是最基本的礼貌。你可以说："经理，您好，谢谢您给我这次面试的机会，我先做一个简单的自我介绍……"在交谈中，如不太明白主考官的问题，应该礼貌地请他重复；有不同看法时，不要过分在意，更不要争执。面试结束时，也不要忘记说声"谢谢"或"再见"，然后再离开。

一个女孩去某大公司求职。在结束最后一轮面试后，却接到了一封拒绝邮件。女孩觉得很失望，因为她自认为表现不错，但她还是很有礼貌地回了一封邮件，感谢人力资源耐心地和她聊天，并给了她进入终面的机会。谁知几天后，她却收到了人力资源的电话，通知她被录取了，因为那封拒绝邮件其实也是测试的一部分。而女孩在被拒绝后，既没有置之不理，也没有打电话过去质问，而是通过温和的邮件表达自己的感谢之情，这让人力资源刮目相看，并最终录取了她。

如果这个女孩，在被拒绝后没有表示感谢，或者虽然表示感谢但采取的是电话甚至直接上门的方式，那她估计也不会被录取。邮件感谢既表现了女孩的感恩之心，同时又显得比较有诚意，既非不足，也不过分，所以她最终被录取也是情理之中。

发音准确与恰当的语气语调

面试时既要口齿清晰、吐字清晰，还要注意控制说话的速度，以免结结巴巴、语无伦次，影响语言的流畅。为了增添语言的魅力，应注意修辞高雅巧妙，千万不要用口头禅。

语气是指说话的口气，语调则是指语音的高低轻重。和面试官打招呼、问候时宜用上升语调，加重语气并带拖音，以引起对方的注意；自我介绍时，最好多用平缓的陈述语气，不宜使用感叹语气或祈使句。

再者，声音过大令人厌烦，声音过小则难以听清。音量的大小要根据面试现场情况而定。两人面谈且距离较近时声音不宜过大，群体面试且场地开阔时声音不宜过小，以每个主考官都能听清你的讲话为原则。

主题一定要鲜明

在自我介绍的时候，还要注意主题，你的主题一定要鲜明，直接进入正题，不要拖泥带水地说一些无关紧要的话。如果你说的话拖拖拉拉像挤牛奶一样，那么面试官是不愿意听下去的。自我介绍时主要包括姓名、年龄、籍贯、学历以及自己的性格、特长、爱好、工作能力等情况。

当然在介绍前，一定要事先对自己的这些材料进行合理组织，围绕一个中心去说话。如果你应聘的单位对应聘的人学历以及特长很重视，那么作为求职者就得从自己的学习情况以及你在专业里所具备的特长出发做详尽的叙述。

再者，如果面试官规定了自我介绍的时间，那么在主题鲜明的同时，一定要注意时间的掌握，既不能超时太长，也不能过于简短。

说出你的"干货"

面试的时候，我们不能为了追求给面试官留下深刻印象，而对自己的过往工作经验进行夸张地叙述，动不动就说"我在行业里的业务水平非常高""我的成绩在班级里面是最好的"等，其实这样一说，给面试官的印象反而不好，取得的效果也是适得其反的。在介绍过往工作经验的时候，一定要把握如何陈述自己的才华给面试官的原则。

徐华是某大学美术系毕业的学生，她离开学校后到一家室内设计公司应聘设计人员，面对很多所学专业就是室内设计的应聘者，徐华没有什么优势可言。但是徐华已经做好了准备，她在面对面试官的时候说："我叫徐华，河北人，所学专业是美术。虽然我不是专业学习室内设计的，但我对这个行业很感兴趣，在校期间我曾在一家设计公司做过兼职，做过一些室内设计工作，这是我当时做过的设计方案，请领导批评指正。"说着递上自己的作品。

面试官看完徐华的设计方案后，觉得很有特点，从色彩搭配到布局都合理安排，面试官对她很满意。最后徐华从众多竞争者中脱颖而出，被这家公司聘用。

现在的招聘单位已经和以前的不一样了，随着社会的发展，单单靠你自己话语的表达，已经不能再使用人单位真正了解你的能力，而且对于你在校的学习成绩已经不再着重考虑，他们更看重应聘者的真本事。有句话说得好，"事实胜于雄辩"，虽然面试时间很有限，不可能让你的才能完全展现出来，但是你要学会通过自己的实际成绩或实例来证明你的能力，把你的才华展现给面试官。

对答清晰扼要，为自己留有余地

清晰地表达意图，语言应流畅自然，内容新颖，独具特色，充满自信。在回答复杂的问题时，宜先提出要点，再分层次地扼要说明，这样能给人一个条理清楚、逻辑性强的好印象;回答专业性问题时,适当运用精确的专业性术语,可以起到暗示你的专业知识扎实、比较懂行的作用。

当面试官提出"你认为哪几个要点最重要?"之类的问题时,你最好这样回答:"我认为应抓住以下几个要点。"在此用"几个"而不要用具体的数字来回答,给自己预留灵活发挥的空间,可以边回答、边思考、边丰富。否则,如果话讲死了,一旦出现卡壳,就会慌乱、紧张。

不可信口雌黄

在求职面试时,千万不要把话说得很满,以免把自己放到死胡同里面出不来。在介绍自己的工作经验以及对工作的想法时,不要用那种非常肯定的口气:"我非常熟悉这项业务!""我保证让部门改变面貌!"这些话常常是因为情绪冲动而发出来的,在这些话下面往往没有具体内容。这样的话往往会引起面试官的反感,如果遇到较为平和、内敛的面试官,也许不会为难你。但是如果遇到个性较强的面试官,他往往会这样问你:"那么你谈谈有些什么措施?"或者"这项业务最新发展动向是什么?"你必定会张口结舌、尴尬万分。因为情况是非常具体和复杂的,你如果硬着头皮去回答,那只能使场面更加尴尬,自己很难下台。

小赵去面试一家国际旅行社的导游时,介绍自己说:"我这个人喜欢旅游,熟悉各处的名胜古迹,全国的风景名胜几乎都去过。"面试官对此很感兴趣,就问:"那你去过云南大理吗?"因为面试官就是大理人,对自己的家乡再熟悉不过了,想借此机会考察一下小赵的知识面。可是小赵根本就没去过大理,心想若说没去过这么有名的地方,刚才的话不就成吹牛了吗?于是硬着头皮说:"去过。"面试官又问:"你住的是哪家宾馆?"小张再也回答不上来,只好说:"那时我是住在一个朋友家。"面试官又问:"你的这位朋友家在大理的什么地方啊?"小赵这下没词儿了,东拉西扯、答非所问,结果自然是可想而知的。

自我介绍只是面试中的谈话内容之一，你要尽可能客观地展示你的实力，不要乱夸海口，把自己暴露无遗，这样的话，你与面试官下面的谈话就很难进行下去了。

管住嘴巴，想好再答

在求职面试时，很多招聘人员经常采用的一个基本策略就是尽量让应试者多讲话，目的在于多了解一些应试者在书面材料中没有反映的情况。

有一位求职者在面试时，当考官问"你有什么优点"时，他按事先准备好的答案作了回答。但他一看面试官听了之后没有反应，就以为自己没答好，又怕冷场，于是又讲了一个优点。可是面试官还是静静地听着没有任何表情，就这样，求职者一个又一个地讲了不少，而且都是没有经过预先考虑过的。

俗话说："言多必失。"这样应答是不明智的，其结果吃亏的往往是应试者自己。

你在面试时一定要注意管住自己的嘴巴，如果认为已经回答完了，就不要再讲了。最好不要为了自我推销而试图采用多讲话的策略来谋求在较短的时间内让招聘方了解自己，事实上这种方式对大多数人来讲并不可取。该讲的讲，不该讲的决不要多讲，更不要采取主动出击的办法，以免画蛇添足。

不要故意卖弄

自我介绍要简明，有条理。当你不了解面试官的性格爱好时，不要胡乱使用修饰词语；也不要说起来没完，把主要的经历说出来就够了，就算你的经历丰富多彩，也没有必要在自我介绍时表现出来。

学中文的崔昊到出版社应聘编辑，他很想通过自我介绍把自己的文学才华显露出来。当面试官对他说："请介绍一下自己吧！"崔昊觉得自己的机会来了，清了清嗓子，用抑扬顿挫的声调说："二十多年前一个秋风瑟瑟的夜晚，我的啼哭声把那座宁静的北国小城吵醒了。我度过懵懂的童年和迷糊的少年时光，兴奋地走入青年时代，许多欢乐，许多痛苦，让我看懂了这个世界……"面试官听了这番介绍，大倒胃口，对他说："我们这里是出版社，不是诗社，你更适合去写诗。"

求职者自我介绍的根本目的，是让面试官对自己有个初步、大概的了解，并且尽可能留下好印象，以便使面试能够深入进行下去，从而最终赢得面试的成功。所以，在自我介绍的过程中，求职者应当尽力把握好分寸，千万不可故意卖弄。

碰到离职问题小心答

每个跳槽的应聘者在面对面试官时，都会被问到离开原单位的原因，当你遇到类似问题时，切不可漫不经心地回答。对于一些普遍性的原因，如"大锅饭"阻碍了自身的发挥、上班路途太长、专业不对口，结婚、生病等都可以理解的原因，是可以如实道来的。但是有些原因在回答时一定要谨慎，千万不要随意说出口，这会给你的求职带来阻碍。

是因为前任领导吗

当面试官问到你离职原因是否和你的前任领导有关系的时候，这时对你的前任领导切不可妄加评论，要知道现在招聘你的面试官可能就是你未来的领导，既然你可以在他面前说过去的领导不好，他就会认为你也会在别人面前说他的不好，使得他对你抱有成见。

李娜是一位工作经验丰富、工作能力很强的秘书。当招聘她的女经理问她："你人漂亮，举止优雅，学历又高，难道你原来的领导不喜欢你吗？"

李娜微笑着说："也许正因为美的缘故，我才离开原来的公司。我宁愿老板事多累下人，也不希望他们'情多累美人'。我想在您手下工作，一定会省去许多不必要的累。"李娜并没有说原领导的好与不好，但一句"情多累美人"既让人同情也让人爱怜。结果李娜很顺利地走上了新岗位。

一个人要在社会中生存，就得与各色各样的人打交道，挑剔领导说明你对工作缺乏适应性。

是因为工作压力吗

现今社会节奏很快，竞争很激烈。大多数年轻人一踏入社会就要承受来自各方面竞争的压力，这些压力要求我们必须处于高强度的工作状态。如果你总是说，原单位工作压力太大，很难适应，这会使得现在的招聘单位对你失去信心。

王伟原来在某报社专刊部做记者，报社要求记者一个月必须完成多少字的家电行业的文稿，而且还要负责拉广告。中文系毕业的他对家电等市场行情不是很了解，要写这方面的文章，感到力不从心，压力太大。于是他到另外一家报社应聘新闻记者。负责招聘的面试官问他，你是否觉得在报社的工作压力太大？王伟说："作为年轻人，工作压力大点儿没关系，最重要的是希望找到能发挥自己专长的工作岗位。"王伟如愿以偿进了该报社新闻部。自此他如鱼得水，许多文章都获得了奖项，并且很快当上了新闻部主任。

随着市场化程度的提高，无论企业内部还是同行业间，竞争都日趋激烈，这是无法避免的，而且作为现代企业的员工，你必须具备适应激烈竞争环境的能力。

是因为工资收入吗

当你跳槽去另外一个单位面试的时候，如果面试官问你离职原因是否和收入有关时，你要是直截了当地说出确实是因为收入太低才离职，那么面试官一定认为你是单纯地为了收入，而且太计较个人得失，并且会认为"如果有更高收入的单位，你肯定还会离开这里的"。这种观念一旦形成，面试官就可能对你不理不睬。

小杨原在一家效益较差的企业做行政工作，到现在的企业应聘时，面试官便问他："你是不是觉得原来收入太少，才想要换工作的？"小杨说："在原来的公司我的工资还算高的，关键我学的是财会专业，又有会计师职称，来应聘会计职位是最适合不过的了。"

现在大多数企业实行效益薪金，浮动工资制度是很普遍的，目的在于用物质刺激手段提高业绩和效益；同时，很多单位都采取了员工收入保密的制度。所以，被问及这类问题的时候，你要表明原单位的工资太少，还要表明这并不是你离开原单位的主要原因。还有你在面试时切记不要将分配不公作为离开单位的借口。只有这样回答才利于你在新单位获得更高的薪金，又让面试官觉得你并非只是因为薪金问题才离职的。

是因为总是加班吗

现在的公司加班很正常，所以很多公司都会问到这个问题，但并不代表现在这个公司一定要加班，只是想测试你是否愿意为公司奉献。因此，即便是因为上一个公司常加班而跳槽的话，那也不能直接说出来。

最虚伪的回答：我不介意加班，无所谓。

你确定你能做到？如果你做不到，就不要这么说。面试官几乎可以确定你做不到。

最无脑的回答：我会在工作时间内尽量完成工作。如果需要加班，我听从安排。

其实这种回答，经验丰富的面试官们一听就知道你不是听话的那种，你不喜欢加班，你准备好了答案来敷衍他们。

遇到这类问题，最佳的回答方式有两种。

第一种：如果真是非完成不可的工作，那我肯定会加班。我认为，休息日也不一定按部就班地去休息。连休息日都需要加班的话，说明所从事的工作一定是在计划内不得不完成的。只要是有计划的工作，与其昏昏然地享受休假，还不如高高兴兴地来加班。

从以上回答中，可以看出应聘者的敬业精神及对公司的忠诚度。

第二种：如果加班以后可以得到相应的调休，我觉得不会有什么问题。个人的时间虽然重要，但由于工作需要，出现不得不加班的情况也是很正常的。我觉得只要是自己分内的工作，就算加些班也不会有抱怨的。

这个回答并非认可加班就是优秀的代表，也没有说无理由任性地拒绝加班，起码堂堂正正地发表了自己的意见，会被认为是应聘者自信的表现。

总之，在回答面试题前，我们一定要揣摩一下考官的心意，不要张口即来，尽量站在公司及招聘单位的角度回答，但是也不可以勉强自己把话说得太过，否则入职后真的经常加班，你又做不到，最终还是自己吃亏。

如果你是单身，也可以这样回答：如果是工作需要，我会义不容辞加班，我现在单身，没有任何家庭负担，可以全身心地投入工作。但同时，我也会提高工作效率，减少不必要的加班。

是因为人际关系吗

由于现代企业讲求团队精神，要求所有成员都具有与别人合作的能力。如果你对人际关系胆怯和躲避，可能会被认为你的心理状况不佳，处于忧郁、焦躁、孤独的心境之中，从而妨碍了你的就业取向。当面试官问：请说一下你的朋友对你的评价吧！这时就要小心了，不可信口开河，因为面试官是想从侧面了解你的性格和人际关系的情况。我们不妨这样回答：

"我的朋友都说我是一个可以相交的人。可能是因为：我一般不轻易许诺为某人做某事，不过一旦答应，我就一定会做到。"

"我是一个比较随和的人，与不同的人都可以友好相处。在我与人相处时，我总是能站在别人的角度考虑问题。"

所以，当面试官问你是否因不善社交而辞职时，你一定要巧妙回答这个问题，可以直接用"否定式"回答。

直截了当说出吸引你的点

很多求职者在被问到为什么辞职这个问题的时候，就开始兜圈子，说了很多，就是没有说到重点。我们在回答这个问题的时候，可以自己先梳理几个原因，回答的时候挑最有说服力、最适合他们的点说。因为一个人会选择离职，一定积累了很多不合适的点。那我们就直截了当说出其中最符合他们的点。

比如你面试的是大公司，有完善的晋升制度和考核制度，这个刚好是你原公司没有而你又需要的，你就可以说我希望可以进入一个有完善晋升制度的公司。

谈薪论酬有窍门

在面试的时候，我们会不可避免地谈到薪酬问题，个人的薪酬是与其能力、作用、表现和贡献等息息相关的。所以在回答薪资问题时，不能一拍脑门乱答一气，要事前做好准备，要有策略。在用人单位尚未了解你的情况时，开价过高，难以被用人单位接受；开价过低，吃亏的是自己。所以在讲薪酬之前你必须做到以下几点。

（1）在面试前一定要了解该职位薪酬的普遍情况，了解该公司的政策。

（2）切勿盲目主动提出希望得到的薪酬数目。

（3）尽可能从言谈中了解，用人单位给你的薪酬是固定的还是有协商余地的。

（4）面试前设法了解该行业薪酬福利和职位空缺情况。

在明确以上四点之后，你就要开始同用人单位讲薪酬了，那么该如何同用人单位讲薪酬呢？

在与用人单位协商薪酬的过程中，如果用人单位要你开价，那么你可以告诉其一个薪酬幅度。这就要求你对自己的薪酬要有个正确的估计，了解该职位大概薪酬标准，以便自己心中有数。同时别忘了，福利也是你应得的报酬，如医疗保险、养老保险、公积金、带薪休假和年底分红等。

薪资谈判不能像其他谈判那样，一味设法提高你的条件，而对方就只顾压低你的价钱。把原来和谐的氛围弄成敌对的局面，这对你实在没有好处。如果对方有心压低你的薪酬，就会将话题转移到你上任后有何大计，如何扩大市场占有率或如何降低产品成本等，这样原来那种紧张敌对的状态很快便形成同心协力的局面。这时，你应该充分展示你的能力和对未来工作的设想，这样一方面可以给对方留下好印象，另一方面你可以据此提高你的薪酬要求。

公司都希望应试者对应聘的职位感兴趣，而非纯以金钱挂帅。因此，只要老板觉得聘你没有令公司损失，那么要争取高薪、福利并不困难。你可以谈论自己的才能、经验，要求老板让你承担多一点儿责任，甚至把职位提高，这样就有机会将你的薪酬提高。

当面试官问起薪酬待遇问题时，我们可以借鉴下面的回答：

回答一：我对工资没有硬性要求，我更在乎的是职位本身，因为我喜欢这份工作，希望公司能公平公正地了解我的价值，谢谢！

回答二：我受过系统训练，不需要进行试用期的培训，而且我本人对某职位特别感兴趣。因此，我希望公司能根据我的情况和市场标准，给我合理的薪水。

回答三：如果必须说出具体薪酬待遇时，请不要说一个宽泛的范围，那样你将只能得到最低限度的数字。最好给出一个具体的数字，这样表明你已经当今的人才市场做了调查，知道像自己这样学历的雇员有什么样的价值。

回答四：对于"你目前拿多少钱"这个问题，如果你目前薪水太少的话，那么直接回答不会给你带来什么好处。你可以这样回答："过去的工资并不重要，关键是能充分展示我在工作上的能力以及能为公司带来的贡献。"

理想的薪酬数应是用人单位和求职面试官双方都能接受的，而应试者应表现一定的灵活性。当薪酬福利谈妥后，一定要把这些写到你的就业合同里，因为有些用人单位在面试之后，很可能会忘掉曾答应你的事。

随着人们经济观念的不断增强，现在人们求职已经不像从前那样对于薪酬难以启齿了。很多人已经将薪酬作为求职的第一标准，这本无可厚非。但是，如果你对即将面对的工作环境以及是否能够实现你的个人价值等因素都表现得无所谓的话，面试肯定会以失败告终。

面试常见问题回答技巧

对于没有任何求职经验的人来说，有时碰到的问题真的会令你防不胜防，可能会被打个措手不及。慌乱中，语无伦次，满面通红，双手颤抖……给自己的求职面试带来了很大的阻碍。但实际上，面试官的提问并非那么可怕，咱们可以先来了解一下面试官的常见问题，做到知己知彼，百战不殆。

下面我们一起去看看面试时常见的几个问题及回答技巧。

请说一下你的优点

最佳回答：我认为我是一个执行力强、条理清晰、立场坚定、顽强拼搏、乐观友善的一个人。当然这些都是我自认为的优点，在工作中还请领导与同事适时给予监督与指正。不过，我曾经经历了两年的线上培训及项目实战，加上实习工作，所以我想这份工作还是比较适合我的。

请说一下你的缺点

很多面试官经常会提到这个问题，这个问题的背后并非面试官想听到直接回答缺点是什么，如果面试者列举自己的缺点，比如小心眼、爱忌妒、急脾气、工作懒散等，这样的话，哪个企业会录用你？更有甚者，自作聪明地回答"我最大的缺点就是没有缺点""我最大的缺点就是做事过分认真""我最大的缺点就是追求完美"……有的人以为这样回答会显得自己比较优秀，但事实上，面试官已经开始讨厌你了。最优的回答就是求职者先从自己的优点说起，中间加一些小缺点,最后再把问题转回到优点上,突出优点的部分,这才是面试官最想听到的。

你愿意做策划编辑还是市场营销

遇到这类封闭式问题,我们给出的答案必须具有确定性和唯一性,回答力求简洁明了,求职者必须根据自己的能力,给出既定性的回答,千万不可随意发挥。

你还有什么问题要问吗

这个问题看上去是一句礼貌的问题,可有可无并不重要,其实面试官不喜欢说"没问题"的人,因为其很重视员工的个性和创新能力。所以求职者在这个时候不要问一些企业福利之类的问题,这不是面试官想听到的。

我们可以这样问:贵公司对新入职的员工有没有什么培训项目,我是否有资格参加?或者说贵公司的晋升机制是什么样的?

这样正面、积极的问题将很受企业的欢迎,因为这体现出你对学习的热情和对公司的忠诚度以及你的上进心。

你想与什么样的领导共事

这个问题可以判断出应聘者对自我要求的意识,这既是一个陷阱,又是一次机会。切记:最好回避对上级具体的希望,多谈对自己的要求,比如,希望我的上级能够在工作中对我多指导,对我工作中的错误能够立即指出。总之,千万不要在领导个人性格或者工作方式上大谈特谈,否则肯定不会被录用。

假如因你失职给企业造成损失,你该怎么做

这个问题看似很严重,其实只要回答有技巧,基本上不算难以回答的问题。最佳回答如下:

(1)如果造成损失,我认为第一时间应该想方设法弥补或挽回损失。如果超出我的能力范围,希望公司帮助解决。

(2)分清责任,各负其责,如果是我的责任,我甘愿受罚;如果是一个

我负责团队中别人的失误,也不能幸灾乐祸,作为一个团队,需要互相提携共同完成工作,安慰同事并且帮助同事查找原因、总结经验。

(3)每个人都不是圣人,在工作中或多或少都会犯错误。当发现因自己的失误给公司带来损失时,我们就应该马上总结经验教训,检讨自己的工作方法,认真分析问题所在,"吃一堑长一智",避免以后同类的错误发生。

能否介绍一下你的家庭

遇到此类问题时,你一定要明白:面试官并非想知道你的家庭情况,更不想听到你的个人隐私,而是要了解家庭背景对求职者的塑造和影响。面试官通过这个问题,只是想听到一个家庭对求职者的积极影响。

我们可以这样回答:我很爱我的家庭,虽然我的父母都是普通人,但我的家庭一向很和睦。我父亲起早贪黑,每天工作特别勤劳,他的行为无形中培养了我认真负责的态度和勤劳的精神;我母亲为人善良、对人随和、乐于助人,所以在单位人缘很好,她的一言一行也一直在教导我做人的道理。

这样的回答才是一个企业最想听到的,因为只有和睦的家庭关系才能对一个人的成长有潜移默化的影响。

与主管意见相左,你将怎么办

最佳回答是:"我会给上级以必要的解释和提醒,在这种情况下,我会服从上级的意见。"

如果你回答"对于非原则性问题,我会服从上级的意见,对于涉及公司利益的重大问题,我希望能向更高层领导反映",那么你肯定不会被录用,因为你没有摸清楚该公司的内部情况就打小报告,这样的人在面试时肯定会吃亏。

你如何看待出差

面试官问这个问题并非一定就需要出差,其背后的目的是想通过这个问题了解你的家人或者你的恋人对你的工作持何种态度。不少刚工作的年轻人面对这一问题可能会马上回答:"我现在年轻,在家里坐不住,特喜欢出差,不仅能为公司办事，还可以领略到美妙的自然风光。"而有一位男士是这样回答的："只要公司需要出差，我会义无反顾。这两年因忙于求学和谋职，几乎没出过远门，家人不反对，女友也想陪我出去转转，但终未成行。出差很可能会成为我今后工作的一部分，这一点在我来应聘前，已经有所准备。"

以上两种回答都体现了不错的口才，但第一种回答看似很潇洒，在表达效果上要差一些，出差顺便逛逛风景名胜本在情理之中，可这样回答，难免会让人对你产生将出差与游玩主次颠倒的感觉；第二种回答妙在那位男士深知考官提问的目的，回答切中了要害。

你的三年职业规划是什么

这是每一个应聘者都不希望被问到的问题，但一旦被问到，一定要慎重回答。要知道，每个企业最喜欢的是有进取心的应聘者，此时如果说"不知道"，那肯定会丧失一个好机会。

最佳的回答应该是"我准备在某个领域有所作为"或"我希望能按照公司的管理思路发展，然后争取进入管理层"。

为什么选择这个职务

遇到这个问题时，我们可以这样回答：这一直是我的兴趣和专长，经过这几年的磨炼，也累积了一定的经验及人脉，相信我一定能够胜任这个岗位。然后可以适时举出过去的成功案例，表现出你对这个岗位的信心，但避免过于夸张地形容或炫耀。

发现你的主管领导冒领功劳时，你该怎么办

最佳回答：首先我不会越级找上级领导说明这件事，我会主动找我的主管领导来沟通。但结果会有两种：第一种是我的主管领导认识到自己的错误，我想我会视具体情况决定是否原谅他；第二种是他变本加厉地来威胁我，那我会毫不犹豫地找我的上级领导反映此事，因为他这样做会造成负面影响，不利于今后整个团队的工作。

你为什么选择我们公司

面试官问这个问题，是想了解应聘者求职的动机，以及对此项工作的态度，关键是求职者对公司必须有个起码的了解。

建议应聘者从行业、企业和岗位这三个角度来回答。比如，"贵公司本身的高技术开发环境很吸引我""贵公司一直是行业的翘楚，如能在这样的公司工作，将会提高我的个人职场素养""我认为贵公司能够给我提供一个与众不同的发展道路。"这都显示出你已经做了一些调查，也说明你对自己的未来有了较为具体的规划。

职场晋升 tips6

面试礼仪

- 应提前 5～10 分钟到达面试地点。

- 按照该公司目标岗位的标准着装,保持完美的职业化仪容、仪表。

- 进入面试场合时要自信、从容、稳重,别忘了关闭手机。

- 要诚实,不要说谎。

- 如果遇到餐叙型面试(一边用餐一边面谈),请务必遵守餐饮礼仪。

职场有逻辑
老杜带你聊

第 7 章

职场当众讲话的艺术

即兴说话是体现一个人内涵和能力的好机会，决定着职场社交的质量。

培养当众讲话的自信和勇气

当众讲话时的恐惧、胆怯心理是每个人都有的，尤其是初入职场的年轻人，总是没有勇气去向众人表达自己的想法，担心自己说得不好让别人笑话。所以要想在当众讲话中获得成功，就要培养自己的自信，有勇气说出来。

当众讲话不可怕

俗话说"心病还需心药医"，心理的障碍用心理的方法去矫治是最有效的，以心理暗示的方法进行心理放松，必须让心理感受重新回到正确位置。鼓起勇气，不要害怕你面对的任何人，当众讲话就是要勇敢说出来，经过锻炼，慢慢积累说话的经验和技巧。

关于克服当众讲话或演讲时的胆怯、害羞心理，卡耐基先生最有经验，他给我们提出最基本的经验就是"你假设听众都欠你的钱，正要求你多宽限几天，你是神气的债主，根本不用怕他们"。

同时，暗示也能培养一个人的自信心，自信心是自己相信自己能力的一种意志。"金无足赤，人无完人"，世界上没有十全十美的人，也没有一无是处的人。想要战胜说话时的焦虑、紧张、害怕、怯场，除了鼓起勇气，还要谨记以下心理暗示方法。

（1）不要说"反正""毕竟"这类泄气的字眼。

（2）树立自信，多用肯定式的方法去表述事物。

（3）一旦产生自卑感，立即打消念头。

（4）对自己敏感的措辞最好不说，用省略、代替的方法绕开。

（5）把抽象问题具体化，理出头绪就有了信心。

（6）无信心时去做自己最拿手的事，其他事情过后再处理。

（7）凡事要想到最坏的结果。

（8）常用"天无绝人之路"平息自己内心的不安。

（9）"哀莫大于心死"与自己永远无关。

（10）烦心时找个无人的地方发泄情绪。

（11）失落时找最能鼓舞你的朋友去侃天论地。

（12）必要时把郁闷写在一张纸条上。

（13）不顺利时可以先发牢骚再处理。

（14）相信自己的话没有说错。

面对恐惧，征服它

有一位企业家，参加一次非常重要的演讲，演讲的效果直接关系到他们公司今年的业绩。说实话，这是他第一次面对上千人的场合。想到自己马上就要上场，面对上千名听众去演讲，他的手心冒汗，小腿发软，心跳加速："万一要是在演讲台上一紧张，忘词怎么办？讲错了怎么办？大家不认可怎么办？"这一个个问题如重锤撞击着他的内心。他的内心几乎崩溃，腿发抖，手发颤，越想越害怕，甚至想放弃这场演讲。

就在这时，他的朋友笑着走过来，将一个纸条塞到他的手里，附在耳边轻声说道："咱们昨晚已经把这次演讲设计得很好了，你就大胆上台去讲。以防万一，我把演讲的要点都写在这张纸上了。如果你忘了词，实在想不起来了，那就打开看看。"他激动地握着这张纸条，像握着一根救命稻草一样，匆匆上了台。也许有那个纸条握在手心，他的心里踏实了许多。他在台上发挥得相当好，完全没有忘词，也没有失误，达到了自己预期的效果，自然也就没有看那张纸条。

他高兴地走下讲台，紧紧抱着那位朋友，再三感谢他的"救命纸条"。

朋友却笑着说："我给你的是一张白纸，上面一个字都没写！最应该感谢的是你自己，是你自己战胜了自己，是你自己找回了自信。"他展开手心攥着的纸条，果然是空空如也。他惊讶得张大了嘴巴，简直不可思议：自己凭着握住的一张白纸，竟顺利地渡过了难关。

"你握住的并不只是一张白纸，而是你的自信和勇气啊！"很多时候在经过认真准备之后，困惑我们的就一个字——怕，是内心的恐惧！恐惧来自哪里呢？来自对未知世界的无法掌控，来自对自身的不自信，来自想象中的风险和伤害！

很多恐惧来源于自己的想象，而突破它的方法，只有一个：面对它！

1933年美国总统罗斯福发表了一场著名的演说——《我们唯一恐惧的就是恐惧本身》。当时美国处于世界性的经济危机中，国人对未来充满恐惧。他在演说中讲道："我们唯一感到恐惧的就是恐惧本身，这种莫名其妙、失去理智和毫无道理的恐惧，麻痹人的意志，使人们不去进行必要的努力，它把人转退为进所需的种种努力化为泡影。"

恐惧成为阻碍我们成长的枷锁，所以，你所害怕的，正是你应该面对的！演说，同样如此，如果你有演说恐惧症，那你就必须面对它！

说这么多，其实是想告诉大家：抱着一颗爱心、一颗赤诚之心去面对大众，你不用考虑紧张的问题。而且带着这种心态不断登台开口，你会发现收获是最大的，成长也是最大的。

心中有爱，紧张不在

当你面对领导演讲时，你心中是有爱的，是对企业的热爱，对工作的热爱，你所表达的每个字、每句话，都是出于对公司好，对工作好，所以你有什么紧张的呢？

当你面对客户讲话时，你心中是有爱的，是对客户的爱，你所表达的每个字、每句话，都是为了客户好，为了解决客户的问题，帮助客户创造价值，所以你有什么紧张的呢？

当你面对团队演讲时，你心中是有爱的，是对团队的爱，是对每一位伙伴的爱。你所表达的每个字、每句话都是为了团队好，为了伙伴的成长，所以你有什么紧张的呢？

带着爱去讲话，事事出于公心，方能坦荡做人！

从现在开始，请你把焦点放在听众和你所演讲的内容上。想着怎么设计演讲才能让听众受益更大，怎样呈现演讲才能让听众受益更大！从另一个角度来说，那么多听众来听我们的演讲，花费了时间、精力，甚至还有金钱，他们当然也希望从你的演讲中受益。不要再无谓地担心和紧张了，那是徒劳无益的。用你那颗善心，拿出你的大爱，把精力放在怎样演讲才能让听众给予更多的支持和帮助上。

设计好开场白摄人心

俗话说万事开头难。在演讲时，5秒之内就要吸引所有听众的注意力，起码让与会人员都能安静下来听你发言，当然这对于没有口才艺术的人来说是很困难的。正如高尔基所说："开头第一句是最困难的，好像音乐里的定调一样，往往花费很长时间才能找到它。"

有经验的职场高手常说：一场完美的当众讲话一定是豹头凤尾，也就是有着优美的开场白和令人深思的结尾，这样的发言才能让人久久难忘，说服力才会很强。所以，开场发言的第一段话十分重要。但是，开场白非常不易把握，要想三言两语抓住听众的心并非易事，而且要一直保持这种吸引力也是不容易的，而一开始连这种吸引力也没有的话，之后就是再花九牛二虎之力，也难以把听众的兴趣拉回来。

开场白的基本路数

这是一个看颜值的时代，看人先看脸，如果脸长得不够吸引人，即使满腹才华，要想吸引别人的眼球也需要拿出真功夫。职场里如何当众把话讲到位，就看开场白，开场白就是一场讲话的"脸"。如果开场白难以吸引听众的兴趣，内容再有价值，也会令听众失去耐心。最简单、最有效的开场模式如下。

1. 问好。

问好是永远不会错的开场方式。根据场景、听众和时间的不同，可以有不同的问好方式。

<u>早上好、下午好、晚上好。</u>

<u>领导好、朋友好、家人好。</u>

<u>来自五湖四海的朋友们、奋斗在一线的战友们、血浓于水的同胞们,大家好!</u>

2. 感谢。

不同的场合感谢不同的人。感谢主办方,感谢邀请者,感谢领导,感谢与会的听众。如果时间允许,你还可以讲一下感谢的缘由。

3. 姓名。

介绍姓甚名谁时,一定要遵循"一拆二慢三译义"的原则。"一拆"是把名字的每个字拆开来说。"二慢"是介绍名字的时候语速放慢,一顿一挫,重音强调。"我叫杜——延——起!"这样做的目的是强化,让听众印象深刻,记住名字。"三译义"就是把名字包含的意义讲出来。名字是每个人的符号,每个名字都蕴藏了美好的寓意,将名字与美好的寓意联系起来。这样做的目的就是让听众记住演讲者的名字。比如,每次开会或者演讲时,我都这样介绍自己:

各位领导们,同事们,大家好!中国的圣人很多,酒圣是杜康,诗圣是杜甫,我是圣人的后代,所以我姓杜。我的名字叫延起,"延年益寿"的"延","闻鸡起舞"的"起"。"延年益寿"代表身体状态好,"闻鸡起舞"代表精神状态好,在这里用我的名字祝愿各位身体好、精神好、家庭好、事业好,一切都好!

4. 突出主题。

你要讲什么内容,强调演讲主题的重要性,能给大家带来什么益处。比如:

今天我来回答三个问题,这三个问题有助于大家积累财富:

第一,你如何增加收入?

第二，你如何减少支出？

第三，如何投资保值增值？

突出主题也叫内容预告，是最简单、最有效的开场，开门见山，直奔主题，用内容吸引听众。所以这就要求我们设计演讲主题和内容的时候，一定要有足够吸引人眼球的标题。我反对文题不一的标题党，但在眼球经济下，还是要适当打磨一下标题。标题要针对听众，针对大学生讲如何就业，针对夫妻讲如何培养孩子，针对老板讲如何抓住商机。

5. 个人价值。

塑造演讲者的价值和专业度，取得话语权。比如我们愿意听南怀瑾讲国学，厉以宁讲经济，这是因为他们都是业界专业大师。我们愿意付给巴菲特数百万美元与他共进午餐，目的也无非想从他那里获得有价值的投资信息。

如何塑造演讲者的个人价值呢？请思考下面几个问题。

（1）你拥有的学历、专业和职位？

（2）你在自己的专业领域内取得过什么样的成就？

（3）你在行业领域内获得过什么奖项，被哪些媒体采访过？

（4）客户有哪些反馈，听众有过什么样的评价？

（5）在你身上有"第一"和"唯一"性的标签和光环吗？

总之，用一切办法向听众证明，你对你所讲内容的领域非常专业，你有资格、有实力去讲，你一定会给到听众最有价值的内容。当然，这个专业领域是可大可小的，假如你是一名教授，那你在专业领域是很牛。可是，如果我是一名普通的企业老板、管理者，甚至是一名学生，那我该怎么办呢？缩小领域范围，找到合适的对标。你可以在你们市、你们区、你们公司，乃至你们学校领域内，依然可以找到光环亮点。就像我，当年高考，我是我们家族唯一一名大学生，还是我们街道五名应届高中生中分数最高的学生！这样设计，"第一"和"唯一"性的标签和光环就都有了。

讲师在讲课之前，在会议室会放他的易拉宝，幻灯片会放映他的介绍，主持人会对他进行塑造，都是为了显得这位讲师专业很厉害，塑造这个讲师的个人价值，给讲师更多的话语权。

巧设悬念，引人好奇

每个人都有好奇心，这是毋庸置疑的，因为对于未知的东西都有一个探索求知的冲动，这是人的一种本性。在当众讲话时，我们可以利用人们的好奇心来吸引听众的注意力。

有一位地理教授给全校师生汇报工作，一开始场下乱哄哄的，交头接耳，各自说各自的。但是这位教授并没有生气，他神秘地从衣兜里掏出一块黑乎乎的石头，高高举起来说道："请大家注意看，这是一块非常珍贵的石头，在我国只有这么一块。"与会人员顿时安静了下来，被这块并不起眼的石头吸引了，大家都在暗自发问：这是一块什么石头？如此稀有？他面对静下来的会场和那一双双充满好奇的眼睛，才开始了他关于南极探险的演讲。最后大家都知道了那块黑乎乎的石头是从南极探险时带回来的。

这是巧设悬念开场白法，其实就是用一件或几件实物的展示来抓住听众的心理，勾起听众的好奇心，但必须注意的是这些实物必须与发言的主题相关又非同寻常。

除了语言悬念，还有动作加语言的悬念，也就是不用说话，先用动作做铺垫来表现。

我国著名教育家陶行知先生有一次到武汉大学抱着一只大公鸡上台演讲。大家在惊愕的眼神中，看着陶先生把大公鸡放到了桌子上，然后从衣兜里掏出一把米，用手按住公鸡的头，强迫它吃米。可怜的公鸡惨叫着，扑腾着，死活不吃。

他又用手掰开公鸡的嘴，把米一粒一粒地硬往公鸡的嘴里塞，公鸡挣扎得更加厉害，还是不肯吃。这时候，陶先生松开了手，把大公鸡放在桌子上，自己退后两步看着公鸡。而没有人强迫的公鸡看了看四周,"喔喔喔"地叫了几声,自顾自地吃了起来。

这时候,陶先生站在讲台上开始了演讲:"各位,刚才的场景你们都看到了。我想说的是,教育和喂鸡是一样的道理。作为老师,如果强迫学生去学这学那,非要把知识灌输给他,他是叛逆的,不情愿学的,即使学也是食而不化。但是如果没有强迫,自由选择,发挥他自己的意愿,那效果一定会好得多。"

台下掌声雷动,一片叫好。

悬念开场白,其实就是要结一个扣子,卖一个关子,留一个引子。这时,听众的好奇心都会被你的话题所吸引,接下来你就可以讲述你的观点了,那么想说服在场大众肯定很简单。

即景式开场

当众讲话与文章最大的区别是,在当下时间、当下地点,与当下的人所做的一次关于当下的对话,所以讲话的现场感很强。如果讲话一开场,就与当下的人和事联系起来,无疑会获得听众的认可。那演讲有哪些是可以联系和带入的呢?掌握三个字:天、地、人。

"天",是天气、气温、当前特定的自然与社会环境、事件;"地",是所在的地点、区域和现场的物品,甚至一草一木都可以进入演讲的场景;"人",是当下你所面对的听众,也包括与现场听众相关但不在现场的人,尤其是名人和伟人。

大家好,非常高兴再次来到风景如画的长白山和大家交流。都说长白山的名字有个寓意,叫"长相守,到白头",其实这很像我们对于企业的感情,希望自己的理想基业长青。今天我给大家分享的主题就是"如何打造基业长青"。

这段发言的开场白带入的是地点,这就是即景式开场白。

提问式开场

用提问问题的方式来开场。我们都有一个下意识动作，听到问题就会思考，听到问题就会回答。听众在思考和回答演讲者抛出的问题的过程中，就会被带入演讲主题中，因为思考和回答问题就是激发兴趣。提问过程中，听众可以回答，也可以只思考不回答。提问也可以让听众举手。这样还可以和听众互动交流，一举多得。

来自五湖四海的企业家朋友们，大家好！今天我将给大家分享一个非常棒的话题！首先问大家两个问题：第一，家里有房子的企业家朋友，请举手！（听众举手）第二，准确知道自己房子资产价值的企业家朋友，请举手！（听众举手）我们都在经营企业，都会用到资金。房子作为家庭重要的资产，有时候难免会用来抵押融资。如果我们清晰地了解自己房子的资产价值，了解房屋抵押融资的流程，那我们就可以快速地融到更多的资金。各位，我是一名拥有十年从业经验的专业房地产评估师，今天我给大家分享的主题跟大家息息相关，那就是"如何用房产融到更多的资产"。

通过这种一问一答的形式，瞬间调动了大家的积极性，也拉近了和企业家的距离，现场响起了阵阵掌声。

运用这种方法需要注意以下三点。

第一，问题与你的演讲主题相关，因为问问题的目的是引出我们的演讲主题。

第二，问题能激起大家的兴趣，所以要问大家感兴趣的，愿意跟你互动的问题。

第三，问题难度适当。提问的目的不是显得自己高深莫测，更不是让听众出丑，而是引起听众的重视和兴趣。

以名人名言开场

"名人名言"，意味着它在群众中有影响力，容易让人接受；也表示在名人论述那个问题上，其理论深度已达到相当水准，在这个基础上再阐述发展，定能吸引听众。

有一个企业家在以事业成功为主题的发言中，先引用著名演讲家卡耐基的话说："世界上最好的奖品——荣耀与金钱，只赠与我们一件事，那就是创造力。什么是创造力呢？让我告诉你们，就是不需别人的指导，而能做出正确的事情，并获得成功。"

这样的演讲开场白，紧扣演讲主题，又层层提问，造成悬念，定能使听众急于知道下文，而回答又言简意赅，发人深省。在这样的基础上，演讲者再列举大量生动的事例，从理论上说明"创造力"在事业成功中的作用。如此分析，当然会把听众的思绪引入你的演讲中。

从大众的切身利益开场

切身利益是每个人最关注的，首先将题材与听众的直接利益"挂钩"。在演讲时，如果从与听众直接相关的题材开始讲，就能引起注意。当你在演讲关于定期检查身体对健康的重要性时，可以这么说：

你们知道从人寿保险的调查来看，你们还能够活多少年吗？据寿险统计学家说，你的寿命还剩下你现在的年龄与80岁之差的2/3。譬如你现在35岁，那你现在的年龄和80的差数是45，那你剩下的寿命为45的2/3，也就是说你还能活30年……这样够吗？不够，我们都想要活得更久。可是这调查是根据几百万人的记录得出的。那么，你我有超越这个数目的希望吗？有的，只要适当留心就可以了；而这第一步就是要做一次详细的身体检查……

然后，如果再详细述说为什么要定期检查身体，听众就会对定期检查身体重视起来。

以事实开场

在开场白中，讲道理不如讲故事，讲故事不如讲事实，因为故事可能是假的，事实却是实实在在发生的。事实胜于雄辩，那我们就用事实直接把听众带入演讲中吧。

在我们身边，有一种危害非常大的病，每11分钟就有一个美国人死于这种病。这个数量是死于谋杀犯罪案人数的2倍；今年有4.6万人死于这种病；在近10年里，美国死于这种病的人数是死于艾滋病13.3万人数的3倍。这种病将使你、我和其他美国人今年在医疗费用上的花费超过60亿美元，并失去劳动能力，更不用说我们所遭受到的生命损失了。这种病就是乳腺癌，与我们每个人生命健康息息相关的乳腺癌。那么，这种病究竟是如何引起的，又该如何防治呢？接下来我带领大家做详细的分析和探讨！

这是一位美国教授在一次乳腺癌防治演说中的开场白，这种奇特新颖的话题能够迅速抓住听众的耳朵，让听众迫切地想知道更为详细的内容。

这个演讲的开端，列举的事例和所作的论断，虽有些危言耸听，但只有如此，才能立刻让听众震惊，引起他们的好奇和关注，产生非听下去不可的欲望。

遇到突发事件巧处理

在发言的过程中，随时会出现各种意外的情况影响演讲的正常进行。针对这一点，演讲者一定要有心理准备，做到处变不惊、应变自如，用这种方法使自己摆脱困境，避免尴尬的场面出现。

镇定自若应对混乱

在演讲时听众一般较多，很容易出现局面混乱的情况，这时演讲者一定不要慌乱，镇定自如地应对混乱场面，使用特殊的方式来吸引听众的注意力。

在某环保论坛上，一位专家讲到目前备受瞩目的雾霾情况。专家从非常专业的角度来讲这个问题，结果晦涩的原理和枯燥的数字让听众有的交头接耳，有的昏昏欲睡，混乱不堪。专家发现了问题，镇定自若地将话锋忽然一转：

"各位，我们的雾霾到底有多严重呢？我听说，有一对'90后'情侣，两个人闹矛盾吵架了。女孩子哭着喊着要分手。男孩子不同意，就百般劝慰，都没用。后来，他们约定一个向左走，一个向右走，一百步后回头，如果还能够看到对方的话，他们就和好。这对情侣的感情还是蛮深的，他们各走了一步，便都不约而同地回头看向对方了。不可思议的是，虽然只有两步之遥，可是他们却看不到彼此，原因是雾霾太严重了。结果呢，两人分手了。"

这原本是个笑话，教授却讲得跟真事似的。他的话还没讲完，台下已是笑声一片，听众自然也精神起来。

在演讲时，我们难免会面对混乱不堪的场面，这时，演讲者需要镇定自若，不能被混乱场面影响，同时采用一些独特的手段或者方式来引起听众注意，以达到让听众集中精神的目的。

面对挑衅，沉着冷静

在职场发言中，突然有人对你的话题攻击挑衅，你该怎么办？这时切不可慌张不安，乱了自己的阵脚，更不要和对方针锋相对，唇枪舌剑。对于这种恶意挑衅，如果你可以回答，那就用答案狠狠地回击他；如果回答不了，那就巧妙地拒绝他，告诉他，这个问题不是本次会议解决的问题，会下可以再单独探讨。如果有不识时务的人，继续发出恶意的挑衅为难你呢？那就借力打力，把这个问题抛给听众。俗话说，众怒难犯，一旦大家发现他是胡搅蛮缠，对他施加压力，那他还是会知难而退的。比如下面的一些恶意问题：

"为什么不信守你的承诺？"

"你不是一个合格的管理者，你还有什么脸面继续在这个职位待下去？"

"你怎么也变得有人情味儿了？"

这些有错误的假设前提，将发言者置于不利地位。"你怎么也变得有人情味儿了？"背后的意思就是：你没有人情味儿！我们处理的方法有：

（1）不要重复他的问题，重复问题就是加深提问者在听众中的印象，使自己被动。

（2）纠正他的误解、错误和诬陷，做出正确的、符合事实的陈述。如对方挑衅说："你还走私违禁物品，谋取不义之财吗？"我们的回答是："我一直在奉公守法地做生意，我所出口的每一笔货物在海关都有据可查！"再如对方提问："你什么时候开始不打孩子了？"我们的回答是："我对我的孩子很好，我从未打过他们！"

（3）摆脱纠缠，开启下一个话题。当事实已经明确无误地摆在听众面前，恶意者还不罢手时，我们就不要和他纠缠下去了，开启我们的下一个话题。

如果有些问题我们确实存在过错或责任，我们就必须坦诚相见，勇于承担，对属实的指责体现出担当。接下来你要告诉听众，你已经或即将采取哪些措施，把问题和损失化解到最低点。回答的重点不是你如何承认错误或责任，而是如何采取措施，做到亡羊补牢，犹未晚矣。这样你就可以守住阵地，展现出一个积极的形象。

突发口误怎么办

我们在开会或者当众讲话时，出现口误是难免的情况。那么，我们碰到这类突发口误怎么解决？

对待演讲中的口误，遵循以下三个原则。

1. 镇定而不要慌张。

讲话中出现口误，这是很正常的事情，不管是什么性质的口误，都要镇定。切忌忙中出错，慌中有乱。发言者一慌张，整个讲话现场就有可能失控，那就不是一个字的错误了，而是整场发言的错误，所以一定要淡定。

2. 淡化而不强化。

对于口误，我们要设法掩饰，使其消弭于无形中，而不是放大。这里并不是说让大家逃避错误，而是如果演讲错误不是明显、原则的错误，就没必要把它暴露出来，因为会影响整个演讲的效果。

如果错误不明显，那就将错就错。后面如果还碰到这个字词或者常识时，那就再用正确的讲一下。如果错误很明显，那就马上纠正。最好的方式就是放慢语速重说一遍。纠正的方式，可以讲一下策略，把说错的话给圆回来。

比如，"中国有55个民族，（意识到错误）是吗？那是55个少数民族，还有1个人数最多的汉族，一共是56个民族。"如果听众不注意，根本就意识不到演讲者的口误。

原则性的错误，正式纠正。比如，"经过8年抗战，中国人民终于打败了日本帝国主义，取得了抗日战争的伟大胜利！"这句话在以前是正确的。现在有新的提法，抗日战争不止 8 年，而是 14 年。这就属于非常明显的错误，必须正式纠正。"对不起，我要正式纠正一下，我们的抗日战争，不是 8 年，而是 14 年！"

3. 预防而非善后。

处理讲话中的口误，方法再巧妙，技巧再高超，毕竟也是发生了错误。最好的治疗是预防。在发言之前，一定要对每个词、每句话仔细斟酌，事前做好功课。不确定对与错，那就查查字典；不知道有没有错误，那就找一两个信得过的人做听众，认认真真地预讲一下。当然，实力才是硬道理。平时多学习，多积累，增广见闻，是不是也能减少口误呢？请注意，是减少口误，而非避免口误，因为错误永远避免不了，只能减少。

时间到了怎么办

一般的开会发言或者工作报告，都会给发言者一个特定的时间，比如 10 分钟、1 小时等。当然，一般超时几分钟都没问题。最可怕的是，会议主持人已经频繁提示你时间到了，而你所讲的内容还不足一半。这个时候就需要一定的技巧来处理了。

首先是跟会议组织方和听众要时间，争取他们的理解和支持。"不好意思，各位！我为了把工作汇报得更细致、更实用，前面时间用得有点多。大家可不可以再给我 10 分钟的时间，我把剩余的重要两点简要地讲给大家？"一般与会人员都会给予理解和支持。

如果因为其他原因，确实在时间上无法通融，那就把剩余的内容用最简练的话在 2 分钟内概括地讲出来，只讲重点和要点，再用 1 分钟的时间总结结尾，争取 3 分钟就搞定。

需要提醒的是，当众讲话一定要有时间观念。现场允许我们讲多长时间，我们需要讲多少内容，时间如何分配，心里一定要有数。千万不要自己讲到兴头上了，就滔滔不绝，没完没了。如果你的逻辑思维不太好，或者容易跑题，那就要格外注意这个问题了。

巧妙应对忘词

讲话者有时在一场会议上，会面对成百、上千的听众，尤其是初次登台的新手，一看到台下的听众就开始冒汗，紧张是在所难免的。紧张造成的一个常见的结果就是忘词。这个时候，许多发言者往往都是愣在那里，不知所措。其实，忘词是很正常的事情，许多成功的演讲家也难免在台上忘词，关键是忘词以后该如何应对。下面几个口才技巧，大家可以借鉴：

技巧1：继续"编词"。遇到忘词，首先不要太急，要稳住心神，不能有抓耳挠腮等有损风度的小动作，这个时候更应该面带微笑，然后想办法把话顺下去，说得通俗一点儿就是往下"编词"。根据经验，一般来说，忘了台词在台上很难想起来，所以只能另择词汇，顺着你的意思把它接下去，直到你记起下面的词来。当然，这需要很强的应变能力，尤其是能接得天衣无缝的人，并不是很多。多数演讲者临时现编的词，听众都会听出来的，但这总比呆呆地愣在台上要好许多。

技巧2：给自己时间思考。遇到忘词，我们可以利用短暂的时间，努力把忘掉的词想起来。如何创造这宝贵的时间呢？说一些话，做一些事。你不能站在那里不说话，卡顿在那里。你要立即插入几句应景的话，比如感谢某些人，赞美现场听众等，也可以讲自己擅长领域的内容。

除了说话，还可以做一些动作，比如假装喝水，全场扫视。为了争取到更多的时间，你的动作可以适当慢一些。当然，前提是这些动作符合当下的场景。

技巧3：向听众要答案。"好，这就是我给大家分享的近期房地产市场发展的两个特征。房地产市场的发展还呈现了第三个重要特征。"第三个特征是什么呢？忘了！"来，各位朋友，让我们讨论一下，你眼中的房地产市场还有哪些重要特征呢？"

这时，你要认真听，在他们的互动讨论中，说不定就有你之前忘掉的词句。即使他们所讨论的内容没有你忘掉的那部分，你也可以把听众最合理的建议引用到自己的演讲中。再不济，在他们的互动过程中，也给你积攒了宝贵的时间去想词。

技巧4：让听众动起来。如果以上3项都无法让你回答上来，那就让听众动起来，最常用的是做游戏。游戏的玩法很简单，可以在日常生活中储备几个能互动的小游戏。记住，我们是让听众动起来，演讲者不要参与。利用游戏活动间隙，赶快把词想起来。听众互动的时候，演讲者是可以随意走动的，然后你赶快看一下PPT、笔记或者求助其他人，把词记起来。

技巧5：想起哪里就从哪里讲起。其实演讲中的忘词，并非把后面的词全部忘掉了，而是忘掉一个词、一句话，无法跟下面的内容衔接起来了。这时只好随方就圆，忘记就忘记吧，想起哪里，就从哪里接着讲下去。只要做好衔接，只要能自圆其说，那就没问题。

如果在讲的过程中把忘记的想起来了，那就以补充说明的形式在演讲结束时呈现。

硬件出问题怎么办

在我的演讲生涯中，最容易出现问题的硬件有三个，麦克风、投影仪和电脑。如果是麦克风没声音，那就确认一下是否打开开关，确认没问题后还是不行的话，那就只能让专业的技术人员来处理。当然，一旦麦克风出现故障，无法讲话，作为发言者可能会有些尴尬，这时候，我们要用幽默化解这种尴尬。

2006年，法国前总统希拉克到北京大学发表演讲。演讲非常成功，受到北大学生的热烈欢迎。可是，在接下来的自由问答环节，当希拉克刚要拿起话筒回答问题时，话筒却没有了声音。希拉克像孩子一样扮了一个大大的鬼脸，耸耸肩，挥挥手说："你们都瞧到了，这可不关我的事，我可没碰它。"一句话引起听众哈哈大笑，尴尬气氛瞬间化为乌有。

更多情况是，麦克风并未坏掉，而是产生回音或杂音，这些会严重影响演讲的效果。有时候是距离音响太近，或者磁场的问题。这时候，你不妨走动一下，换一个位置或换一个话筒。如果还不行，那就只能让专业的技术人员来处理了。

技术人员处理就需要一定的时间。这个时候，千万不要因为麦克风的问题就把整个会场冷落了。一般来讲，中小型会场，即使不用麦克风，观众也能听清你的讲话。你可以继续演讲，声音一定要大，让听众看到你的用心和卖力。如果条件允许，你也可以走下讲台，到听众中间去讲。你和他们靠得更近，你也会更受欢迎。当然，这个时候所讲的内容可以是你既定演讲的内容，也可以是现场的互动提问。

投影仪和电脑出现问题的情况也不少见，这都是可以理解的。最重要的是，无论设备发生什么问题，也无论是技术人员调试，还是我们自己动手，请记住，你的嘴巴不要停下来，继续讲下去，继续给到听众有价值的信息。

这样说才能调动听众的激情

我们在讲话的时候,首要目标是获取并吸引与会听众的注意,调动听众的情绪,使你所说的内容被听众接受并记住。要实现这个目标,就要学会在演讲中描绘场景,还要用真情实感让你的演讲有激情。

说出"看得见"的画面感

在演讲中要让听众能够身临其境地感受你的语言,那就需要在演讲时使用能描绘情景的字眼来达到这一效果。让人听起来轻松愉快的演讲者,无非是能塑造景象于你眼前的高手。卡耐基总结他的成功之道说:"景象!景象!景象!它们如同呼吸空气一般,是免费的呀!把它们撒在演讲里,你就更能欢娱别人,也会更具影响力了。"

在演讲时,将你的视角转向一些明确但特殊的事物上,去描绘出心灵的图像,使它独立突出、显著而分明。比如说"一匹黑色的蒙古小马"是否比说"一匹马"逼真了许多?"一只白色、断了条腿的矮种公鸡",难道不比光说"鸡"一个字给人更准确而鲜明的图像吗?

我听说在国内有几百万民众,他们艰难地过着日子,面目憔悴、营养不足,他们缺乏面粉来充饥。可是,在尼亚加拉地区,每小时却要无形中消耗相当于25万块面包价值的瀑布。我们可以想象,每小时有60万只鸡蛋越过了悬崖,变成了一块巨大的鸡蛋饼,跌落到飞流而下的瀑布中。如果从织机上织下来的白布能够有400丈宽，它的价值也等于尼亚加拉瀑布所消耗的一样。我们还可以想象，有一家极大的百货公司，每天把公司里所有的货品全部抛落到160英尺的山涧中，这是一个多么巨大的消耗啊！对于这个无形的消耗，有人主张政府应拨出一笔资金来利用这一巨大的水力资源，可是想不到有人竟会强烈反对！

这段演讲词，景象鲜明，它用了很大的篇幅，用形象的景象来隐喻由于资源得不到利用，人民生活贫困，乃至许多人无钱来购买生活必需品的情况，把所说的问题描绘得历历在目。

演讲中，感觉化的语言应用很广。比如，我们说天气很热，怎么来表述天气热呢？我们来分析下面这段话：

（视觉）7月的天气，我走在路上。太阳正毒，抬头看看天，简直都睁不开眼睛，身上的汗珠却早已往下直滚。地面上裂出了一道道纹，所有的树木都无精打采、懒洋洋地站在那里。（听觉）路边两旁的大树上，知了没完没了地叫着，拴在大树下的狗也在大声地喘着气。（嗅觉）笔直的柏油马路仿佛要被烤化一样，空气中弥漫着一股股浓郁的沥青味道。（味觉）一分钟前刚喝了一大杯水，现在又觉得口干舌燥，嘴巴苦苦的。（触觉）走累了的我，刚要扶一下路边的电线杆，滚烫的温度让我立刻缩回来了，太烫了！

这样感觉化的语言比那种生硬的感叹效果要好太多了，通过这种表达，你是可以看到、听到、闻到、尝到和触摸到它。当然，你还可以找到更多的感官体验。这就告诉我们，能触动人的感觉的语言是最有说服力的。

所以说，一个会演讲的人，他会使他说的景象浮映在听众的眼前。但是，在演讲中，你将景象描绘得再好，如果话语没有感情，不能调动听众的激情，只是笨拙地使用平淡无味的语言，结果还是会让听众昏昏欲睡。

该动情时就动情

演讲，顾名思义是"演"与"讲"的结合，演讲不仅需要对听众进行语言

"刺激"，还要对听众进行情绪的感染。缺乏激情的演讲，是失败的演讲；缺乏激情的人，永远也不会成为演说家。

对于演讲者来说，他必须具有丰富、真诚而炽热的感情，才能把这种感情倾注到他的有声语言和态势语言中，并借助感情的推动力，充分发挥自己心理因素的积极作用，来取得演讲的成功。人的感情是不能造假的，在演讲中，唯有真情才能产生巨大的影响，才能得到听众的热诚回应，才有震撼人心的力量。

那么人的激情来自哪里呢？激情来自演讲者的真情实感。激情植根于火热的现实生活，来源于坚定的信念。人的信念和世界观决定了人们感情的爱憎，演讲中的情感来源于这种信念并受其制约，演讲者要使自己的演讲具有充沛、炽热的感情，就必须树立坚定的人生信念，否则演讲者的激情只是空中楼阁，毫无震撼力可言。

当然，演讲者只有激情是不够的，关键是如何才能恰到好处地将感情抒发出来，才能给听众以心灵的震撼。

1. 语意传情。

一些演讲者在感情浓烈地讲到一个内容的高潮时，往往都会用一个相对独立的语段，以排比句、反问句、感叹句、重叠句等语言手段，直抒胸臆，让压抑在胸中的感情潮水一泻而出。

闻一多先生在《最后一次演讲》里说道：

你们完了，快了！快完了！我们的光明就要出现了。我们看，光明就在我们眼前，而现在正是黎明之前那个最黑暗的时候。我们有力量打破这个黑暗，争到光明！我们光明，恰是反动派的末日！

这种直抒胸臆的方式，给人的感觉酣畅淋漓，十分痛快。

除直抒胸臆外，还可以采取融情于理、融情于事、融情于景的方法，把抒情与写景、叙事、说理结合起来，使四者和谐统一。这样不但增强了语言的情感力量，也使叙事、议论都显得更加有生气。

2. 语调传情。

演讲感染人的重要手段之一就是通过语调去流露真情。坚定的、犹豫的、兴奋的、悲伤的、渴望的、激昂的、颓废的等复杂的感情，都可以通过语音、语调的高低快慢、抑扬顿挫表现出来。

3. 态势传情。

态势是不能代替语言的，但它是有声语言的一种重要的辅助成分。在演讲中用适度、得体的态势辅助语言，可以使听众产生兴奋，引起感情的共鸣。

演讲者的仪表、姿态、神情、动作，不但可以给听众以视觉形象，反映演讲者的修养气质，而且可以借助某些神态、动作的配合，直接表达某种思想感情，因此在演讲过程中要注意恰当地利用态势传情。

运用比喻，增加说服力

比喻是最常见的修辞手法，也是演讲时经常用到的一种口才艺术。运用贴切的比喻，就能化难为易，话半功倍，具有说服力。

春秋时期，惠子能言善辩。有一门客特别嫉妒，就对梁王说："惠子这个人说话善于打比方。你不让惠子打比方，他就没法说话了。"

梁王同意，第二天见惠子，对他说："我希望先生说话的时候直接说，不要打比方。"

惠子回答说："假若有个人不知道'弹'为何物，您告诉他弹就是'弹'，他能明白吗？"

梁王说："当然不明白了。"

惠子接着说："这时，我们换一种说法，告诉他：'弹的形状像把弓，并且把竹子作为它的弦'，那么他会明白吗？"

梁王说："嗯，应该能明白了。"

惠子说："说话的人本来就是用人们已经知道的东西来说明人们所不知道

的东西,从而使人们真正弄懂它。现在您却叫我不打比方,这就行不通了。"

梁王说:"你说得太对了!"

这个故事中,本来梁王是不让惠子再用比喻,可是惠子又悄悄地打了个比方,说服了梁王,可见比喻的重要性和作用。

实际上,我们无时无刻不在用比喻,"连着三天都堵车,我真是中大奖了!""各位同人,无论遇到任何困难,我都与你们坚守阵地,永不放弃!""这个人力大如牛!""心有多大,舞台就有多大!"这些都是比喻。

运用比喻,可以让演讲化难为易,化繁为简,化腐朽为神奇。

学会反问,能量更强

从前,有一个地主,对待长工非常严厉刻薄。有一次,地主半夜就催长工们干活。长工说:"等我缝完了衣服就去。"

地主冷笑说:"天这么黑,你缝衣服怎么能看得见?"

长工立刻反问道:"既然天这么黑,又怎么能干活呢?"

一句反问,驳得地主哑口无言。

从这个故事中,我们可以看到反问在表达中的力量。反问是一种用疑问的形式表达肯定的内容,以加重语气的修辞手法。反问只问不答,人们可以从反问句中领会别人想要表达的意思。在发言中,反问是可以增强表达语气,增强语言冲击力和说服力,激发听众感情,加深听众印象,尤其是在思辨性讲话中应用很广。

利用排比,感情更洋溢

结构相同,语气一致,意思相关的三个或三个以上的词组、句子连接在一起说,就叫排比句。排比在演讲中具有极其重要的作用,它可以多个角度表达,运用排比说理,可以条理分明;运用排比叙事,显得层次清楚;运用排比抒情,显得感情洋溢。

从形式上讲,排比一方面讲起来朗朗上口,能增强语言的节奏感和旋律感；另一方面层层递进，如惊涛拍岸，滔滔不绝，增强演讲的效果，增强听众的触动。在某种情况下，如果一篇演讲没有排比句就算不得一个好的演讲。

我梦想有一天，这个国家会站立起来，真正实现其信条的真谛："我们认为这些真理是不言而喻地人人生而平等。"

我梦想有一天，在佐治亚的红山上，昔日奴隶的儿子将能够和昔日奴隶主的儿子坐在一起，共叙兄弟情谊。

我梦想有一天，甚至连密西西比州这个正义匿迹，压迫成风的地方，也将变成自由和正义的绿洲。

我梦想有一天，我的四个孩子将在一个不是以他们的肤色，而是以他们的品格优劣来评价他们的国度里生活。

这是马丁·路德·金于1963年8月28日在华盛顿林肯纪念堂发表的著名演讲《我有一个梦想》，整个演讲就是以排比句组合成的内容，这场著名的演讲不言而喻已经被载入史册。那么，如何在演讲中应用排比句呢？关键词（句）重复法！之所以称其为排比句，是因为它的结构相同，语气一致，意思相关。它有结构的重复、词语的重复，也有句子的重复，抓住这一点就可以制造出完美的排比句了。

如果说人生是一首优美的乐曲，那么痛苦则是一个不可缺少的音符。如果说人生是一望无际的大海，那么挫折则是其中一朵骤然翻起的浪花。如果说人生是湛蓝的天空，那么失意则是天际一朵飘浮的白云。

演讲中应用排比，要学会筛选，丢掉无关的部分；学会归纳，将事物的共同点归纳在一起；学会升华，从认识个别到认识一般。使用排比的时候要注意它的内在逻辑顺序，不能想当然地使用。

可以反复"洗脑"

艾宾浩斯遗忘曲线表明：记忆的过程就是遗忘的过程，时间越久，遗忘的就越多。只有不断地重复，才能将遗忘降到最低。记忆最直接、最有效的方式就是重复，这也就引出了我们的另一种演讲修辞方式——反复。

反复，是根据表达需要，有意让一个句子或词语重复出现的修辞方法。通过反复的形式，重复我们所讲的内容，强调我们所讲的内容，让听众意识到演讲内容观点的重要性并牢牢地记住它。

以下文字出自马丁·路德·金的演讲《我有一个梦想》：

不仅如此，还要让自由之声从佐治亚州的石岭响起来！

让自由之声从田纳西州的瞭望山响起来！

让自由之声从密西西比的每一座丘陵响起来！

让自由之声从每一片山坡响起来！

当我们让自由之声响起来，让自由之声从每一个大小村庄、每一个州和每一个城市响起来时，我们将能够加速这一天的到来，那时，上帝的所有儿女，黑人和白人，犹太教徒和非犹太教徒，耶稣教徒和天主教徒，都将手携手，合唱一首古老的黑人灵歌："终于自由啦！终于自由啦！感谢全能的上帝，我们终于自由啦！"

这是一篇将反复的修辞手法应用到登峰造极的演讲。反复包括词语的反复和句子的反复；既有词语或句子紧挨在一起的反复，也有分开的反复。"终于自由啦！终于自由啦！感谢全能的上帝，我们终于自由啦！"前两个"终于自由啦"是紧挨在一起的反复。第三个"终于自由啦"与前两个相比就是分开的反复。

如果反复修辞的句子结构一致或相似，那就和排比非常像了。都含有相同的词语，形式上相似，容易混淆，两者的区别关键在于其表达的侧重点不同。反复是为了强调某个意思或突出某种情感而重复使用某些词语或句子，所要表达的侧重点在于重复的词语或句子上；排比则是把结构相同或相似、内容相关、语气一致的三个或三个以上的短语或句子排列起来使用，侧重点不在相同的词语上。如上面案例中的"让自由之声从田纳西州的瞭望山响起来！让自由之声从密西西比的每一座丘陵响起来！让自由之声从每一片山坡响起来！"两种修辞的区别不在形式，而在内容。事实上，反复也可以是非常简单的词语：

今年我们的业绩一定一定要达到8000万！

虽然前面困难重重，坚持到底一定是胜利！胜利！

反复还可以是简单的一个词：加油！加油！加油！！！

沉默啊！沉默！不在沉默中爆发，就在沉默中灭亡！

确定你的主题要点，不断地在演讲中反复出现。每一次重复，你都在建立一种模式；每一次重复都是重复你所熟悉的内容；每一次重复，都是在强化你所表达的内容。更重要的是，当你不断地重复这些词和句子，听众很清晰地听到你所表达的重点和要点；当你不断地重复这些词和句子，会让听众深信不疑。

我们经常说"洗脑"，改变人的观念，其实反复就是"洗脑"的最好方式。凡是改变人思想的，都来自大量仪式和内容上的重复。每次重复，都是在建立一种模式，你和听众的大脑会逐渐接受，日积月累，天长日久，我们还会变得深信不疑！"谎话说多遍，连自己都相信了""装着装着就像了"，说的就是这个意思。

让听众记住最有效的方式，就是不断地反复，不断地重复。

这样的结尾最精彩

俗话说：织衣织裤，贵在开头；编筐编篓，重在收口。一场有效的发言就如同画龙，而结尾部分就是点睛之笔，能给人以深刻的印象。卡耐基曾说过，"最后——也是最重要的。"讲话的结尾和开场白一样，都是演讲中最关键之处。

结尾为什么这样重要？是因为结尾的话语可以使听众把整场演讲所表达的思想组织在一起，架构整场演讲的结构，最后再抓住演讲的主旨和关键。

在演讲中很多演讲者的结尾都不是很成功的。大多数人都是这样结尾的："以上是我对这件事所要说的，我的演讲到此结束。"这不是一个好的结尾，这样的结尾只会使听众感到乏味。还有一些演讲者把所要说的话都说完了，却不晓得如何结束，总是围绕一句话反复地说了许多遍，留给人们不好的印象。

要想使演讲有一个圆满的结束，那就要在演讲前事先准备好结语。细数历史上那些成功的演讲家，都会把演讲的结语写下来，并记清楚那些字句。初次演讲的人更应如此。他应该很清楚地写下该用怎样的语句作结束，并在演讲前把结语温习数遍。在每次温习时，措辞可不必雷同，只要意思达到就可以了。那么什么样的结尾才精彩呢？我特意找来了一些常用的技巧，大家可以借鉴。

总结性结尾

一般发言时间超过10分钟，听众就会忘记很多内容，因为听众的记忆也是有时限的，需要回顾总结。所以，结尾简明扼要地对全篇进行一个总结，即使有些听众没有完全听你的演讲，也能够通过这个总结了解你演讲的大致内容，因为言简意赅的几句话，更能加深听众的印象。

卡耐基曾为演讲词结构拟定一个模式：开端——告诉听众，你将要谈什么问题；中间——详细谈这些问题；结尾——把所谈的问题简明地概括一下，做个总结。堪称经典的是2009年白岩松在耶鲁大学的演讲，结尾部分对"我有一个梦想"这个观点进行了强调性地总结性结尾：

所以最后我只想再说一句。40年前，当马丁·路德·金先生倒下的时候，他的那句话"我有一个梦想"传遍了全世界。但是，一定要知道，不仅仅有一个英文版的"我有一个梦想"。在遥远的东方，在一个几千年延续下来的中国，也有一个梦想。它不是宏大的口号，并不仅仅在政府那里存在，它属于每一个非常普通的中国人，而它用中文写成："我有一个梦想。"

在回顾总结过程中，千万不要忘了强调核心观点！演讲就是为了让听众记住、认可并践行演讲观点。临近结尾，尤其是要强调核心观点。用句流行语来说，就是"重要的事情说三遍"。"而能力的持续提升需要我们课后不断地训练，这一点大家一定要谨记"，这是我在培训学员的过程中反复强调的。

以幽默故事结尾

"当你说再见的时候，要使人们笑。"演讲的结尾也要做到如此，如果你有丰富的材料，那么你就可以按照自己的方式去讲一个幽默故事让听众记忆深刻。

某地有一座古老的佛寺。一名年轻和尚来此修行，他整天盘腿坐禅，双手合一，口中喃喃念着"阿弥陀佛！阿弥陀佛！阿弥陀佛！"他唱念佛号，日复一日，因为他希望成佛。

于是寺里的住持就拿一块砖去磨一块石头，时时刻刻地磨，一天又一天地磨，一周又一周地磨。年轻和尚有时抬眼瞧瞧老和尚在做什么。

住持只是一个劲儿拿砖磨石头。终于有一天,年轻和尚对住持说:"大师,您每天拿这块砖磨石头。到底为什么呢?"住持答道:"我要用这块砖做镜子。"年轻和尚说:"可砖块是做不成镜子的呀,大师!""没错。"住持说,"就像你成天光念阿弥陀佛,是成不了佛的。"

因此,朋友们,我觉得,我们必须要有理想,不仅要昭告我们有理想,我们还必须以行动来落实理想。

所以,我要对诸位参议员先生,以及旁听席上的女士和先生们说,没有我们大家的积极协助,我们的领袖无法落实这些理想。诸位和我都必须谨记"磨镜台"的教训。

非常感谢大家。

这是1943年宋美龄在美国国会发表的20分钟的演说,这也是美国历史上著名的国会演讲之一,美国媒体评价说"是她,征服了美国!"可见,这次演说的影响力该有多大。

我们再来看幽默的魅力,他会让你在或哈哈大笑,或会心一笑之际,理解本次演说的精髓,同时就像品尝到一杯陈年老酒,回味悠长,耐人寻味。

这些都是我对切身工作的一个总结吧,希望对大家有帮助。最后,我以一个笑话来结束本次演讲。有一个人学外语,刚学了三天,就到外语学校找老外去对话。结果在学校不小心踩了一下外教的脚。那人急忙说:"I am sorry!"老外也礼貌地回了一句:"I am sorry too!"那人一听,急忙说:"I am sorry three!"老外一听就蒙了,忙问:"What are you sorry for?"那人一脸无辜地说:"I am sorry five!"各位,这虽然是个笑话,可是告诉我们学艺不精,生搬硬套,该是多么可笑和可怕。

通过一个小故事、一个小幽默,吸引听众,启发听众。所以,幽默故事的魅力很大,可以放在演说的开场、内容、结尾,放在任何你想放的地方,都可以起到与众不同的作用。

借用名言名句结尾

用被人们普遍认可和使用的名人名言、谚语或诗句结束演讲，给整个演讲的论点一个强有力的证明，进一步深化了主题，并把演讲推向高潮。

2005年，乔布斯在斯坦福大学毕业典礼上这样讲道：

求知若饥，虚心若愚（Stay Hungry, Stay Foolish）。我总是希望自己能够这样。现在，在你们即将毕业，开始新的旅程的时候，我也希望你们能这样：求知若饥，虚心若愚。非常感谢你们！

这个句子既是谚语，又是对仗。对仗的句子同时具备简洁美、工整美和韵律美，读起来朗朗上口，也能体现演讲者本身的个人魅力和文化修养。再者，如果你能引用适当的诗文名句来结尾，就既可使演讲优美、动听，又可获得所希望的气氛。

最后，我想与各位分享一首我国唐代有名的诗篇，王之涣所写的《登鹳雀楼》："白日依山尽，黄河入海流。欲穷千里目，更上一层楼。"请各位有机会时更上一层楼，去领略中国文化的魅力，发现蕴含于传统中医药中的宝藏。

这是中国首位诺贝尔生理学或医学奖得主屠呦呦2015年的获奖演说。其中《登鹳雀楼》这首诗，大家耳熟能详，朗朗上口。尤其是"欲穷千里目，更上一层楼"，屠呦呦引用它，也希望西方人的眼光能更上一层楼，领略中国文化和中医药宝藏。这样的结尾，用得非常恰当。

情感式结尾

充满感情地结束，最能打动听众的心，是一种非常完美的结尾。林肯第二次就职演讲的结尾更是非常美妙、优美、感情充沛，扣人心弦。

我们热烈地希望，诚恳地祈求，这大战的祸患能够迅速地落幕，不过假如上帝的旨意仍旧要它继续下去，直到奴隶们250年来辛苦累积下的财产都化为乌有，并直到已受过鞭打的血肉需再挨一次刀枪的伤残，那么我们依旧应当说："上帝的审判完全是真诚的，公正的。"对任何人都不要怨恨，对所有的人都给以慈爱。让我们遵照上帝的旨意，坚决地主持正义，让我们继续努力完成我们的工作，收拾我们残破的国家，去照顾战死的烈士和他的孤儿寡妇——去做一切可以达成我们彼此之间及各国之间永久和平的工作。

号召承诺性结尾

这种结尾是用得最多的一种，它以发出号召收拢全篇，其优点是鼓动性强，能给听众极大的鼓舞和深刻的印象。

精妙的结尾既是收锁，又是高峰；既水到渠成，又戛然而止；既铿锵有力，又余音袅袅；既别开生面、不落俗套，又来得自然。所以，好的结尾可以让你的讲话更加生动形象，感召力更强。

以充满激情诚恳的文字结束号召，同时也可以很有气势、很煽情地向听众发出号召，引导大家与演说者达成共识，或大家一起努力，实现演说者的目标愿景。

请不要对这个国家和这个国家的潜力失去信心。不要忘记你是如此伟大的联合王国的一分子。请不要从世界上最美好的民族大家庭抽身离去，请不要抛弃对你的家庭最美好的期待。所以，这是我们每个人的请求：投下这一票，让我们继续在一起，投下这一票，选择留下，投下这一票去拯救我们的联合王国。

这是2014年英国前首相卡梅伦在苏格兰独立公投前的最后一次演说，他就是运用了号召性的结尾技巧，让民众群情激昂，久久难以忘怀。

如果碰到各类总结性或竞聘讲话时，那焦点就在自己身上了，这个时候就需要下定决心，做出承诺，表达自己应该或怎么去做了。当你用非常激扬、非常诚恳的文字来表明决心，做出承诺的时候，听众又怎能不动容呢？

需要提醒的是，竞聘演说的焦点既在自己身上，也在听众身上，尤其是评委身上。所以在竞聘演说中，既有自己会怎么做，也有对评委和听众的号召，也就是我们通常所说的拉选票。比如我在辅导某行长助理竞聘的时候，结尾是这样的：

成功是得到所爱的，幸福是爱所得到的！各位领导，各位评委，各位同事，面对着大家信任和期待的目光，我看到了希望的所在，同时也意识到压力和责任的所在，但都必将成为我工作的动力。假如组织选择了我，我坚信自己有能力在行长助理的岗位上做出更大的成绩。竞争上岗，有上有下，无论上下，我都将一如既往地勤奋学习、努力工作。最后我想说："你选择了我，我选择了你，给我一个机会，还您一个惊喜，让我们一起风雨兼程，共同进步。"

号召承诺式结尾，号召听众行动，并承诺自己做到。

此外，还有共勉式、展望式、誓愿式、赞美式、象征式等结束演讲的不同方式。只要善于思考，巧于构思，敢于创新，就能设计出"响如撞钟、清音有余"的演讲结尾来。

展望升华式结尾

演说的结尾是演说的最后，如果在演说的最后进行展望，进行升华，无疑会提升演说者和演说的高度，挖掘演说的深度，拓展演说的广度，更重要的是增强演说的生命力，激发未来的无限可能。

当然，展望升华是向高处、向远处去看，当你仰望星空的时候，别忘了脚踏实地；当你抬头看天的时候，也别忘了低头走路。在展望升华的过程中，不要忘了结合自己的演说观点，别忘了眼前的听众，别忘了你所展望到的是你，同时也是听众能够看到或想象到的场景，抬头、伸手、跳一跳，我们就可以触摸到，不要太遥远、太夸张、太不可思议。

另外，演说的结尾也可以更灵活，比如我们前文提到引用的名言、诗歌、故事等，也可以放在最后。"在最后，我想送大家一句话／一句名言／一首诗／一个故事……"与前面不同的是，讲完你的名言、诗歌、故事，就不需要再总结提炼，不需要讲道理了，直接结束就可以。这样的结尾直达高潮，同时又戛然而止，给人既酣畅淋漓又回味无穷的感觉。

职场晋升 tips 7

PPT 演讲技巧

- 🎤 写逐字稿。不是为了背诵逐字稿,而是为了对自己讲的内容心中有数。

- 🎤 对着 PPT 读两遍逐字稿。将书面语改为口语,将长句改为短句,将单音词改为双音词。

- 🎤 手机录音讲一遍。录完之后自己听一遍,只有站在旁观者的角度才能真正看到自己的表现。

- 🎤 对着别人讲一遍。这是最接近真实场合的一次演讲,需要征求他人的反馈意见。

- 🎤 提前到现场再过一遍逐字稿。

职场有逻辑
老杜带你聊

第 8 章

不同场合的沟通技巧

在劝酒的时候一定要把握好度,劝酒劝得恰到好处。

如何在宴会上介绍他人

当我们参加宴会的时候，会遇到很多认识或者不认识的人，这时候，介绍与被介绍就是很重要的一环。通过介绍，新的友谊得以形成，新的朋友得以相识，彼此间的志趣得以沟通，业务上的接触也从此开始了。

在宴会上，比如你在招待众多客人的时候，如客人中有互不认识的，做主人的就要为他们介绍，使他们尽快熟悉。在为两个不认识的人做介绍的时候，一定要注意介绍的礼仪，尊重被介绍的双方。

在介绍异性时，通常是先把男士介绍给女士。比如，"李小姐，我来为你介绍一位朋友，这是陈先生。陈先生，这位是A公司的业务部经理李××。李小姐，陈××是B公司的老总。大家认识一下。"当然也有例外的时候，如果你要介绍的双方，男的辈分或职位比女方高时，就应该先将她介绍给这位男士，以示尊敬之意。比如，"张局长，让我介绍一下我的同事给您认识。小陈，这是张局长……"

而介绍同性别的两人时，则是先给年纪大的介绍年轻的，给已婚的介绍未婚的，不过未结婚的男士（或女士）年纪比已结婚的大很多的时候则例外。

还有一种情况就是，当某人在社会上德高望重，有名望、有地位时，自是先将别人介绍给他，但要先提他的姓名。因为，在介绍过程中，先提某人的名字乃是对此人的一种敬意。

在宴会上给客人介绍自己的家人时,不应在家人的姓名后面加上"先生""太太"等称呼,可以直接称"丈夫"或含蓄点称"先生",儿子或女儿应称小儿或小女,兄弟或姐妹应称家兄或家姐、舍弟或舍妹,然后再加上他们的名字。如果是介绍自己的丈夫,则姓和名都要加上。

在宴会上,身为主人应为众人作介绍,但是并不是说需将所有宾客逐一介绍,当来宾较多时,主人只需介绍坐在自己旁边的尊贵客人就可以了,其余的可各自沟通、聊天。

总之,我们在替他人作介绍的时候,一定要遵循如下礼仪:

第一,介绍应讲究次序和礼貌。介绍的次序一般是:把男士介绍给女士,把晚辈介绍给长辈,把职位低者介绍给职位高者等。当介绍一方时,目光应放在对方脸上,要微笑着把对方的注意力吸引过来。

第二,介绍时不要忽略两大要素,即被介绍者的姓名和身份,比如,"这位是××公司的总经理王先生"或者"这位是××大学的宋老师"等。

第三,介绍要实事求是。既不要淡化被介绍者的重要身份,使之无法被重视,也不要胡吹乱捧,使之过于难堪。

第四,给双方介绍之后不要马上离开,要等他们能谈上几句话后再告别,否则可能使双方谈不起来。但也不要该走时逗留,当看到双方有继续深谈的意思时,应找个借口适时离开。

宴会上的言谈举止

宴请是社交场合中最常见的交际活动形式之一，是增进友谊和融洽气氛必不可少的重要手段。宴会一般有正式宴会和便宴两种形式。正式宴会是指那种按一定的规格正式摆设的筵席，事先要安排好座位，并设有座位卡。便宴与正式宴会并无根本不同，只是相对来说显得比较随便。便宴一般包括工作会餐、冷餐会、酒会、家宴、茶话会等。一般来讲，但凡被邀请参加宴会的人，都有一定的关系或成就。对于职场人士来说，这是一次展示沟通才能的大好时机。这就需要我们从以下方面注意自己的一举一动、一言一行，以便给人们留下良好印象。

注意服饰和化妆

一般来说，男士可以着正式装，如西装或其他商务男装，此外还应注意修饰头发和胡须，保持卫生整洁。女士可以穿色彩艳丽的裙装和套装。如果衣衫不整，既是对主人的不尊重，又会损害自己的形象。女士还应注意面部化妆，最好浓淡适中，显示秀丽和高雅的气质。

适时到达，奉上礼物

适时到达的含义是既不要迟到，又不要早到半小时以上。到场太早容易给主人增添麻烦，迟到则是非常失礼的行为，不仅会给主人带来不便，也会使其他宾客感到不悦。

若是官方或公务宴请，不必携带礼物。如果是领导、同事或亲朋好友宴请，则要根据宴请的性质准备礼物。礼物不论轻重，能够表达心意、适合宴请性质即可。

注重入座的礼仪

当主人邀请宾客入席时，首先入席的应该是主人夫妇与主宾夫妇，依次为其他宾客和陪客人员。当长辈、女性入座时，晚辈、男性应走上前去将他们的座椅稍向后撤，待他们坐下时，轻轻将椅子向前推一点，待其坐稳后，离开。一般应从自己行进方向的左侧入座，在同桌的女士、长者、位高者落座后，与其他客人一同就座。落座后椅子与餐桌之间不要过近或过远，保持20厘米左右的距离为宜。双腿靠拢，两脚平放在地上，坐姿端正。双手不宜放在邻座的椅背或餐桌上，更不要用两肘撑在餐桌上。

举止文雅，适度交谈

入席后在众目睽睽之下补妆或者梳理头发，尤其是在进餐过程中宽衣解带，挽袖口、松领带是不礼貌的行为。用餐中客人与主人、客人与客人之间为了表示各自的热情和敬意，通常会彼此劝酒让菜，但停留在口头上即可，或用公筷，千万不要用自己的筷子为别人夹菜。

就餐期间还需要互相轻松自如地交谈。因为宴会不仅是为了吃，还是一种重要的沟通手段，静食不语也是不礼貌的。当主人或其他宾客讲话、敬酒、介绍菜肴时，应停止进食，面向讲话人仔细聆听，不可与其他宾客交头接耳，或随意摆弄餐具。吃饭时要细嚼慢咽，狼吞虎咽显得缺乏修养，极不文雅。

席间一般不要剔牙，更不能当着主人或其他客人的面毫无顾忌地剔牙。如果确实需要剔牙，应用另一只手捂住嘴或到非宴会场所。此外还要尽量避免打喷嚏、打饱嗝和吐痰。如果实在控制不住打喷嚏、咳嗽时，应急忙用餐巾纸或手帕捂住口鼻低头面向一旁，尽量避免发出声音，并向邻近客人轻轻说声"对不起"。

礼貌斟酒、敬酒、喝酒、劝酒

在没有侍者的情况下，应由主人或主人安排的主陪首先为宾客斟酒，作为客人不要过于发挥主观能动性。为客人斟酒时应该站在客人的右侧，酒杯应放在餐桌上，瓶口不能与酒杯相碰，酒也不宜斟得太满。斟酒的顺序是先位高者、年长者、远道而来者，然后顺时针逐个给每人斟满。

宴请中首先提议举杯的是宴请的主人。宾客应该按主人的意图行事，不要喧宾夺主。主人敬酒后，会饮酒的人应回敬一杯。回敬酒时应在被敬者开始饮酒后，敬酒人再把酒送至自己嘴边。

合乎礼仪的饮酒姿势应该是端起酒杯，首先欣赏酒的颜色，闻一闻酒香，然后轻啜一口，慢慢品味。不可为了显示自己的酒量，举起酒杯看也不看便一饮而尽。鉴于酒后容易失言或失礼，在宴请饮酒中主客双方都应严格控制喝酒的数量。切忌见到美酒佳肴或陶醉于宴请的热烈气氛中而忘乎所以，开怀畅饮。

对于确实不会喝酒的人不宜劝酒。对于会饮酒者，劝酒也应适可而止，劝酒劝得死去活来，不把人灌醉不罢休是不礼貌的。更不要在客人的饮料里斟倒烈性酒，强迫、勉强他人喝酒会令人不快，是违背宴请初衷的。

宴会上说话的戒律

一般来说，宴会是个比较正式的场合，不像小型聚会那样，说话可以很随便。所以，在参加人数很多的宴会上最好在嘴上装把锁，该说的说，不该说的就把嘴闭上。一定要谨记宴会上的说话戒律。

戒虚情假意的客套和过分劝酒

如果想要宴会上的气氛融洽欢快，我们必须做到情真意切，热情待人。那些不顾别人的酒量和身体状况，一味劝别人多喝，甚至打定主意，不把别人灌醉誓不罢休的人，就有失待客之道了。喝酒应遵循"喝足不喝吐，喝好不喝倒"的原则，有所节制才好。

戒感情用事，互相吹捧

宴会上宾主欢聚一堂、觥筹交错之时，为了表示对他人的尊敬，很容易感情用事，滥用赞美之词。

比如，对方是官场人物，甚至是公认的以权谋私，也恭维"德高望重，有口皆碑"；对方是厂长，哪怕是连年亏损，濒临破产，也吹捧为"经营有方，大有作为"；对方是一个爱好业余写作的人，哪怕只发表过几篇小作品，也说他是"著名作家，作品深受青年人喜爱"，等等，这种以廉价的颂扬来联络感情、增进友谊的方法实不可取，不但别人听了难受，就连被吹捧的人也知道这是假话。

戒贬损他人，恶语中伤

有些人由于平时对别人抱有成见，但是没有表露的机会，在酒席上借着酒意来个党同伐异，大肆地说些不该说的话，中伤他人，这是尤为不对的，会引起矛盾。

戒自吹自擂，自我抬高

酒席上在老朋友面前，借酒盖脸，虚荣心发作，不知天高地厚，大肆吹嘘，这会引起别人的反感。

比如，"他谈几个项目算什么，我是不谈，我要谈比他得多出10倍。""他做得项目策划书，我两天就能写完，我不写，太没有挑战性了……我们机关高级职称一大堆，我看上的没几个。"这样的话，只会降低自己的人格，也会伤害别人。

戒谈论公事，失去原则

有些年轻人在喝酒时，同他人谈论单位公事，有时还会发表一些对领导不满的语言，这时会造成泄密或者别有用心者会将此作为把柄给领导打小报告，影响你与领导的团结。还有个别领导，在酒席上乱许愿，答应给某某什么职务，事后又不能兑现，造成极坏的影响。

戒污言秽语，酒后失态

有些人酒过三巡，菜过五味，头脑像腾云驾雾，不受自己的控制，言语变得随意，感情失控，丑态百出。若有人指责，便以"喝醉了"来推脱。此类人酒后失德，令人反感。

戒借酒浇愁，牢骚满腹

有些人平时有些怨气，便借酒浇愁，大发牢骚，指责别人如何不对，甚至辱骂领导。这样做，使别人无法插言，闹得不欢而散。

这样劝酒最高明

劝酒，对于营造宴会的气氛具有重要的作用，同时，劝酒也是一门艺术。我们经常会在宴会上发现这样的劝酒高手，几句话就能让宴会的氛围活跃起来，有助于增进感情或达成合作。在宴会上，既要让参加宴会的人尽兴地喝酒，又要活跃气氛，此外还不能伤和气、不损面子，这就是活跃在宴会上的基本"责任"。所以，在劝酒的时候一定要把握好度，劝酒劝得恰到好处，这就需要很高明的语言技巧。

从真诚赞美开始

人对于赞美的抵抗力往往是微弱的，特别是在酒桌上，热闹的气氛使人的虚荣心很容易膨胀起来，而虚荣心一膨胀，人就免不了要做出一些超出常规的"豪壮之举"。在酒桌上，赞美同事的学习成绩、工作成绩或者一些关于对方的好事，这是最能让对方端起酒杯的技巧。

李倩刚刚评了高级职称，在几位同事为他举行的庆祝会上，你可以用这样的祝酒词："功夫不负有心人，汗水浇灌出了丰硕的成果。我们今天祝贺你，愿您的将来更加美好，干！"在这种情况下，李倩开心地喝下了这杯酒。

所以说，真诚的赞美语言就像是一把万能钥匙，能轻松打开别人紧闭的嘴。

突出场合的特殊意义

人逢喜事精神爽。有些人从不喝酒或从不喝得太多，但在一些特殊的喜庆场合也愿意喝两口或多喝几杯，一方面是心里高兴，另一方面也是场合的特殊性使然。

那么，在劝酒时就不妨多强调一下所处场合的重要性、特殊性，指出它对于对方的价值与意义，这样既能激发对方的喜悦感、幸福感、荣誉感，又使他碍于特定的场合而不得不愉快地再饮一杯。

在一次老同事聚会上，一位久未谋面的老同事以前很喜欢喝酒，不知道为什么这次就是不肯喝，气氛一度很低落。此时，李践端起酒杯说："好，这杯酒我也不劝你了，喝不喝随你自己。反正今天是咱们老同事相识10年后的第一次大聚会，下次再聚真不知道什么时候了。我知道你酒量还可以，这杯酒你要是觉得不该喝，大伙儿也都同意，那我也就不说了……"话说到这里，那位老同事只好端起了酒杯，宴会的气氛马上有了转变，大家开始说说笑笑。

这种强调场合的特殊意义的劝酒方法一般都是能见效的，因为没有谁愿意在这种场合给大家留下一个不合群的印象。

酒，能够促进双方的情感交流，使彼此的关系更密切、更稳固。一般来说，如果劝酒本身真的能够达到这个目的的话，对方是不会轻易拒绝的。针对这种心理，在劝酒时可以充满感情地强调一下自己与对方的特殊关系，使劝酒变为两人之间独特的情感交流方式。如果是在十分庄重的交际宴请中，劝酒辞还要注意讲求文采和风格。

某市市长出访德国马尔巴赫市，在欢庆两市成为友好城市的晚宴上的一段致辞。"让我端起金色的美酒，在诗人席勒的故乡，用他著名的《欢乐颂》里的一段话，为我们已经签订的盟约干杯！'巩固这个神圣的团体，凭着这金色美酒起誓：对于盟约要矢志不移，凭星空的审判起誓'。"

这段劝酒辞风格独特。它突出该市是席勒的故乡这一典型特征，引用席勒的名句，把酒会的欢乐气氛及双方长期友好合作的愿望表达得淋漓尽致。在劝酒辞中适当介绍自己是提高自己知名度的好机会。介绍内容须根据具体对象，择词而用，灵活机动，不拘一格。适当引用成语、名言、典故、诗词，话语幽默，能使讲话更有感染力。

1984年，当时的缅甸总统吴山友访问上海，上海市市长在劝酒辞中引用了陈毅元帅《致缅甸友人》的诗句："我住江之头，君住江之尾，彼此情无限，共饮一江水。"

大家都知道中缅只有一江之隔，两岸人民共饮一江水。话语亲切，表达了中缅两国人民之间的情谊，外宾当然十分高兴。

说对话巧拒酒

参加宴会时往往会遇到劝酒的现象,在拒酒时,若能突出事实,明确说出自己的实际情况,再配上得体的语言,一定能令劝酒者欲言又止,无懈可击。能够巧妙拒酒的人,往往都是沟通的高手。

以身体不适为由拒酒

喝酒本是为了交流情感,也是为了愉悦身心,这一点大家都很清楚。如果为了喝酒而喝酒,以至于损害了健康,那就显然是因小失大了,这是谁都不愿意看到的。因此,在我们实在不能喝或者不愿意再喝的情况下我们可以以身体不舒服或是患有某种忌酒的疾病(如肝脏不好、高血压、心脏病等)为理由拒绝对方的劝酒,这样对方无论如何是不好再强求了。

某领导参加一个宴会,有个老同事好久未和他见面,提出要和他痛饮三杯。该领导说:"你的厚意我领了,遗憾的是我最近一段时间身体不适,正在吃药,医生特意嘱咐,不能喝酒,我也好长时间滴酒不沾了,只好请你多关照。好在来日方长,后会有期,日后我一定与你一醉方休,好吗?"此言一出,大家都纷纷赞许,这位老同事也只能见好就收了。

敬酒,本就是表示尊重对方,如果对方身体不适,那就要适可而止,这样才能让对方感到你是真的尊重他。

我们在酒宴上,要正确估量自己的实力,千万不要因高兴或难为情而多喝，要尽量保留一些酒量和说话的分寸。要想达到这种目的，可以像下面例子中的杨宗英那样灵活使用一些沟通技巧。

一天晚上，部门经理宴请几位客户，由于工作关系，杨宗英陪同参加。大家都已经喝得差不多了，一个客户还要给杨宗英敬酒。大家的目光都集中到他俩身上。杨宗英端起酒杯，说："酒逢知己千杯少！"就在大家以为他要干杯的时候，杨宗英又说了一句："能喝多少喝多少！"说完轻轻地抿了一小口。

人们都非常佩服杨宗英的拒酒技巧，酒席的气氛更热闹了。宴会结束时向主人表示感谢，并热情话别。

当主人示意宴会结束时，应走到主人面前对其热情款待表示感谢，对丰盛的酒菜表示赞美。不可因余兴未尽或过于贪杯而迟迟不起，致使宴会拖延不散。那样既是对主人的失礼，也是对其他宾客的不尊重。在时间就是金钱、效率就是生命的今天，更应懂得准时结束宴会的实际价值。同时还要与主人或其他宾客道别。如主人有礼物相赠，应高兴收下并表示感谢，不可过于推让或坚持不收。

用托词"不胜酒力"来拒酒

饮酒应该是以喝好不喝倒，让客人乘兴而来、尽兴而归为原则。尤其是年轻人，在参加宴会时，总是以酒论英雄，来者不拒。在劝酒的时候，也是死缠烂打，那种不顾实际以把人喝倒为目的的劝酒是不可取的，乃是劝酒大忌。

作为被动者，当酒量喝到一半有余时，应向东道主或劝酒者说明情况。比如，"感谢你对我的一片盛情，我原本只有三两酒量，今天因高兴多喝了几杯，再喝我就身体吃不消了，还望你能体谅。"如此开脱以后，就再也不要喝了。这种实实在在地说明后果和隐患的拒酒术，只要劝酒者明白"乐极生悲"的道理，就会见好就收。

挑对方劝酒话中的毛病来拒酒

对方劝你喝酒，总会找这样那样的理由，而这理由有时是靠不住的。特别是一些并不太高明的劝酒者，其劝酒语中往往会有不少漏洞可抓。抓住这些漏洞，分析其中道理，最后证明你不应该喝这杯酒，或者应该是别人喝。总之，到最后不了了之。只要这漏洞抓得准，分析得又有理有据，那么对方就无话可说，只好放弃了这位难对付的人。

在一次公司招待供应商晚宴上，有人这样向一位章姓先生劝酒："张先生，这一桌席上只有我们两位姓'张'，咱们500年前可是一家，看来我们是有缘分，这杯酒应当干掉！"此时你就可以抓住其疏漏这样拒酒："哦，我很想跟您喝这杯酒，可是实在对不起，我的'章'是'立早章'，不是'弓长张'，我不知道这两个同音不同字的姓500年前是否也是一家？所以，您这杯酒我先攒着，好吗？"对方理由不成立，也就没法劝你喝酒了。

宴会中，不乏那些酒量很好的人，这些人当然会应付自如，但那些酒量不大者，往往对一再劝酒无计可施，只好不断地喝。我们都知道杯中之物多喝无益，所以，学会一点拒酒术，在交际中十分必要。只要你学会拒酒之法，宴会上就能免于不胜酒力之苦，还能达到宴饮的目的。

招待好坏，全凭口开

在当代社会，设酒宴招待客人，已经当成一种有效的沟通手段。当我们举办或者参加重要的宴会时，在这样的场合下需要巧妙地用语言与宾客进行沟通。

当你所宴请的客人到来之后，你应当负责介绍来宾的姓名、身份、工作，不要随意夸张和渲染，必须简要，两三句便可以。当来宾坐下之后，不要独自和某一个人展开长谈，必须注意处理好众人之间的关系，不要冷落任何人，也不要对某一个人太过于热情。对于那些遭到冷落或接不上嘴的宾客，应为其解围。

宴会结束后，当大家离去时，应送至门口，挥手道别，并应致意："感谢各位的光临，谢谢大家把宴会气氛维持得这样好。"如果吃完稍停一下，客人要走时，而时间还早，可稍作挽留。我们来看看某公司总经理在一次宴请客户招待会上的讲话。

贵宾们，朋友们：

今天各位能在百忙之中大驾光临，我们非常高兴，我代表公司全体同仁热烈欢迎。托各位的福，我公司梦寐以求的5000万元促销计划实现了！这应当归功于各位的支持，应当感谢有关各方的关照。我在这里向大家鞠躬了！在这次推销活动中，公司王主管因劳累过度而病倒了。可是他仍坚持接受推销定额，不顾一切地整天四处奔跑。不少客户被他的工作热情所感动，爽快地同他签订了购货合同。这大概是商人的义气吧？我要再次深深感谢这些客户，也要感谢为公司出了大力的同事们！

为了庆祝实现这个的促销目标，我公司今天在此设宴答谢各位。虽然只是粗茶淡饭，却表明我们的诚挚之情。请大家不必客气，一定要吃好喝好。

今后我们将继续合作，共谋发展。为搞活国有企业闯新路，为实现经济腾飞作贡献！谢谢！

这篇讲话，内容切实，感情真挚，表现了企业家的真挚情感。

接待来宾，送走客人，为了表示热情与关怀，表明对客人的尊敬和友好，不仅礼节要周到，语言更要讲究。

"王总，恭喜您这次洽谈取得成功，祝贵公司来年大展宏图！"

"李总，这次来到我们这边远小市，条件不好，招待不周，委屈您了，请多包涵！"

"各位贵宾，不送了，祝大家都走好运，祝大家一路平安，祝你们合家欢聚，祝你们事业成功！欢迎各位再来！"

有了这样的语言，就能使各方宾客高兴而来，满意而归，并为自己留下热情好客的美名，有利于扩大交流与合作。

说话得当，语言周详，才能使距离拉得更近，以便将来展开进一步的交流。

参加舞会，尽显优雅风度

跳舞既是一项高雅的娱乐和健身活动，又有很强的社交属性，并能反映出一个人的精神风貌、文化修养。参加舞会不仅能够增加与各界人士互相沟通的机会，也会使人与人之间的关系在轻松愉快的气氛中得以深化和加强。要想在舞会上受到大家的欢迎和喜爱，我们应从以下方面入手，显示自己的优雅风度。

正确使用邀请舞伴的姿势和语言

邀请舞伴，由男士邀请女士或女士邀请男士都可以。但女士邀请男士一般是非常特殊的情况。比如国际舞会上，主持人往往这样宣布，下一个舞是"女士邀请"。这种情况下，男士就不必邀请女伴；关系很好、很熟的情况下可以由女士邀请男士，一般情况下，都是男士邀请女士跳舞。在邀请别人跳舞时应注意以下几点。

男士如有意邀请一位素不相识的女士跳舞时，必须先认真观察她是否已有男士舞伴。如有，一般不宜前去邀请，以免发生误会。当然也不是绝对不可以，但要注意，如果女士的丈夫或家长在旁边，男伴邀请时，应先向她的丈夫或家长点头致意，再对女士发出邀请，待她同意后，陪她步入舞池。

邀舞时要大方有礼，男士应步履庄重地走到女士面前，立而略躬，同时轻声微笑说："想请您跳个舞，可以吗？"或者说："允许我请您跳舞吗？"

两位女士同舞是正常现象，但两位男士一般不宜同舞。前者意味着她们在现场没有舞伴，而后者则意味着他们不愿意向在场的女士邀舞，这是对女士的不尊重。在整个舞会过程中，也应该避免一位男士只与一位女士共舞。

特殊情况下如果是女士邀请男士，男士一般不得拒绝。在邀请别人跳舞时，邀请者的表情应自然、谦恭、有修养。最好不要叼着香烟请人跳舞，这样会影响舞会的良好氛围，也会招致女士的拒绝。

拒绝邀请要含蓄委婉

参加舞会，因为相互之间并不熟悉，加之有些女士性格内向，不愿意与不熟悉的人共舞，因此，拒绝邀请的情况时有发生。但无论是哪种原因，邀请者与被邀者都应彬彬有礼、落落大方，表现出良好的思想修养和高雅的文化素质。

一般情况下，女士不应拒绝男士的邀请。如万不得已决定谢绝，必须态度和蔼，表情亲切地说："对不起，我累了，想休息一下。"或者说："我不太会跳，真对不起。"

对方当然心领神会，不会死缠烂打。在一曲未终时，女士应不再同别的男士共舞，否则会被认为是对前一位邀请者的蔑视，这是很不礼貌的表现。

如果女士已经答应和别人跳这场舞，应当向男士表示歉意说："对不起，已经有人邀请我跳了，下一次吧。"

当女士拒绝一位男士的邀请后，如果这位男士再次前来邀请，在确无特殊情况的条件下，女士应答应与之共舞。

两位男士同时去邀请一位女士共舞，女士最好都礼貌地谢绝。

有的双双而来或自携舞伴，两人跳过一场或几场之后，如果有别人前来邀舞，另一方应开朗大方，促其接受，更不能说一些不礼貌的话。

如果夫妇二人同去参加舞会，有人前来邀请夫人，先生应按礼节促请夫人接受，决不能代夫人回绝。如果这样，夫人会觉得丈夫小心眼，邀请者则会认为这位丈夫没有风度。

茶馆、咖啡厅的沟通礼仪

无论是与客户洽谈业务，还是与同事、朋友小聚，许多人都喜欢选择茶馆或咖啡厅。这两种地方环境清静优雅，情调温馨。大家在轻松的气氛中沟通，容易增进感情，达成共识，取得良好的沟通效果。然而，茶馆与咖啡厅也是最能体现一个人素质和修养的地方，我们必须注意以下细节礼仪，否则会适得其反，影响沟通对象的情绪，从而阻碍有效沟通。

饮茶的礼仪

饮茶必须遵守茶道，通常也称为茶艺，是指茶叶的生产、制作及品茗的技艺、高超的冲泡技法、珍奇的茶具、优美的品茗环境、优良的茶叶品质等。茶道的核心是茶德，即清、美、礼、敬。清指清净、清白；美指茶美、器美、艺美、境美；礼指品茶时的礼仪、礼节；敬指尊敬。工夫茶便是茶道的一种，饮用时应遵循以下程序。

嗅茶。客人坐定后，主人取出茶叶，分别介绍各品种的特点。等待客人依次嗅赏，一般可依自己所好选茶。

温壶。将开水冲入空壶，使壶体温热，将水倒入茶盘。

装茶。用茶匙将茶叶装入茶壶，装至大半壶。切记不可用手抓茶叶。

润茶。用沸水将壶充满，用竹筷刮去水面上的茶沫，然后将茶水倒入茶盘。

冲泡。这才是正式泡茶，用开水冲泡，不宜用沸水。

浇壶。盖上壶盖，在壶身外浇开水，以使壶内外温度一致。

温杯。泡茶的空档，利用茶盘中已有的水浸洗一下茶杯。

运壶。第一泡茶泡好后，提壶在茶盘周围巡行数周，滴掉壶底的水滴。

倒茶。将茶杯一字排开，提起茶壶来回冲注，切忌一杯倒满后再倒第二杯，以免浓淡不匀。茶杯斟七分满即可。

敬茶。把茶杯放在托盘上，双手托着茶盘敬给客人，置于客人的右手前方，不可用手端着杯把。若是无处可放，可左手托盘，右手递茶敬茶的同时说一声"请"。如果是用红茶，需准备好方糖，一般由客人自取。第一杯茶应该敬奉给客人中的长者或主宾。

品茶。主人敬茶时，客人应有所表示，或欠身，或立起，以双手接过茶杯，并道谢，而后以右手捏着茶杯，观茶色，闻茶香，然后腾挪于鼻唇之间，或嗅或啜，如醉如痴，物我两忘。

需要提醒的是，茶的本性恬淡平和，因此，饮茶时要求着装整洁大方，女性切忌浓妆艳抹，大胆暴露；男性也应避免乖张怪诞，如留长发、穿奇装异服等。除了仪表整洁外，还要求举止庄重得体，落落大方。客人在主人请自己选茶、赏茶或主人敬茶时，应在座位上略欠身，并说"谢谢"。如人多、环境嘈杂时，也可行叩指礼表示感谢。品茗后，应对主人的茶叶、泡茶技艺和精美的茶具表示赞赏。告辞时要再一次对主人的热情款待表示感谢。

喝咖啡的礼仪

咖啡是欧洲、美洲、非洲以及阿拉伯地区的人们喜欢喝的一种饮料，在国外，咖啡厅随处可见。有的地方还常常为女宾举办咖啡宴，作为夫人们彼此结识的一种有效的非正式方式。目前我国各地的咖啡厅也日渐多了起来，逐渐成为进行社交应酬的首选场所。一般来讲，在咖啡厅与他人沟通，我们要注意掌握以下细节礼仪，才能给对方留下彬彬有礼的良好印象。

在咖啡厅里举止要文明，不要盯视他人。交谈时，声音要轻，不要不顾场合地高谈阔论。

盛咖啡的杯子，杯耳很小，指头无法穿过。正确的拿法是用食指和大拇指端起杯子。

饮用咖啡时，一般加入牛奶和糖，加入咖啡里的糖通常都用方糖，它放在专门的器皿里。需要加入方糖时，要用方糖夹或咖啡匙取用。方糖在杯中让其自然溶化，不要拿咖啡匙用力捣碎，以免发出器皿碰撞之声。

咖啡匙有专门的用途，是用来搅拌咖啡的，饮用咖啡时应当把它取出来。用咖啡匙舀出来一匙一匙地慢慢喝，是不合规矩的。小匙用毕要放在碟子上，不要放在杯子里，否则显得不雅，而且不小心会把小匙打翻在地。如果刚煮好的咖啡过热，可以用咖啡匙在杯中轻轻搅拌使之降温，或者稍等片刻，待其自然凉下来再饮用。试图用嘴把咖啡吹凉，是极不雅观的。

盛放咖啡的杯碟也是特制的，应把它们放在自己的面前或右侧。喝咖啡时，用右手拿着咖啡杯耳，左手轻轻托着咖啡碟，慢慢地向嘴边轻啜，避免发出响声。不宜举杯大口吞咽，或俯首去吸咖啡。有时也会遇到一些不方便的情况，比如坐在远离桌子的沙发上，双手不便端着咖啡饮用，此时可用左手将咖啡碟置于齐胸的位置，用右手端着咖啡杯饮用。饮毕，应立即将咖啡杯置于咖啡碟中，不可将二者分别放置。

在咖啡厅喝咖啡的同时，可以吃一些点心。但不要左手拿点心，右手端咖啡杯，吃一口喝一口地交替进行。吃点心时应当放下咖啡杯，饮咖啡时则应放下点心。

添加咖啡时，不要把咖啡杯从咖啡碟中拿出来，直接添加即可。

探视病人不可忽视的细节问题

日常生活中，我们都会遇到领导、同事、下属及其亲属生病的情况。这时前去探视，说几句得体的安慰言语，带一些合适的礼物，既可给病人以精神上的抚慰，又可表现出对上级的尊敬、对下级的关爱，同时还会增进彼此之间的感情，为建立良好人际关系奠定基础。然而，探视病人不同于一般的社会交往，由于病人的特殊心理、生理等原因，我们必须注意以下细节问题，否则会弄巧成拙，给患者带来不必要的负担和麻烦。

把握探视时机

所谓探视时机是指在什么时间去探视病人。选择探视时机的重要依据是探视者与患者的关系以及病人的病情。关系特别亲密尤其是亲缘关系，一般以尽早为好。一般关系的同学、朋友，尤其是工作关系的同事或客户，并非越早越好，应该恰当选择时机。

患者病情严重，正在抢救之中不宜前去探视。患者刚做过手术，特别需要静养，也不宜前去探视。产妇刚刚分娩前去探视，对产妇及其家属而言，都是探视与打扰并存。在国外，为了避免打扰病人和产妇的休息和康复，对动大手术或分娩的产妇，一般是在第五天后才去探视。在不宜探视时，为了表示对患者的关心，可以打电话给患者及家属或到患者家中表示慰问。

要使探视时机选择恰当，可以向患者的亲属了解病情征询意见，也可以向医院的医护人员询问。探视病人不可操之过急，但也要防止以为病人一时半会儿好不了而没有及时去探视，等想起来去探视时，病人已经出院了，这是很失礼的。

选择探视的时间段

探视的时间段是指在一天的什么时间去探视。探视时间段选择的基本要求是避开患者休息或治疗、用餐时间。无论患者在家中休养还是在医院治疗，都不宜在清晨、中午、深夜或用餐时间去探视，此时冒昧探视会影响病人的休息和治疗。较为适宜的时间是上午 10～11 时，下午 3～5 时。

着装素雅

探视病人时应着装整洁素雅、格调清新，不宜过分华丽新奇，色彩不宜特别鲜艳夺目。探视老年患者或重症病人时更要格外注意，否则有可能造成患者的心理失衡。当然也不可衣冠不整、不修边幅或衣着过于随意甚至不洁，这是对患者的不敬。

表情放松

探视病人时最适宜的神态是自然、和蔼、可亲，让患者感到一切都与他没生病时一样，表情不宜过分严肃和沉重。即使患者身患不治之症，我们也应自然冷静地出现在患者面前，不要满脸沉重，或流露出忧伤、恐惧和绝望的神情，更不应该在患者面前流泪，甚至哭泣不止。当然也不可过分喜悦，在患者面前谈笑风生。即使这样做的目的是掩饰内心的忧伤或减轻患者的心理负担，也会让患者认为你对他患病在身不以为然，甚至引起更为恶劣的负面效果。

举止得体

探望病人时，假如举止不当，通常会给对方增添思想负担或者更大的精神压力。进入病房时轻轻敲门，让他感到自己仍然受别人的尊重。有时候病床周围会放置一些医疗器械或药品等，此时不要面露惊恐或奇怪的表情，否则会给病人造成心理压力。如果不是特殊病情，可像平时那样握手，亲切的举动常能传递出言语无法表达的情感。此外还要及时落座，站在床前会使病人产生紧迫感和局促感，所以应该尽快找一把椅子挨床边坐下来。

交谈谨慎

探视病人时的交谈与其他社交场合交谈的基本礼仪要求不完全一致，而且在交谈内容的选择上要特别谨慎。探视的目的是向患者表达关爱的感情，淡化其因病痛引起的烦恼，帮其树立战胜疾病的信心和勇气。因此，探视交谈不要向患者详细询问病情；不要当着患者的面向其家人或医生询问患者的病情；不要违背医生或家人的意愿，把暂时不宜真实告诉患者的病情告诉患者；不要如实形容患者疲惫的精神和憔悴的面容；不要随意评价医生的治疗效果。

停留时间不宜太长

探视病人停留的时间应考虑到患者的身体状况和精神状态。患者明显疲惫就应该缩短停留时间，患者精神好、谈兴浓，可以适当多待一会儿。一般在15～30分钟为宜。如果不在医院规定的探视时间里，更不应在病房中停留时间过长，以免影响其他病人休息。

职场晋升 tips 8

> 正式的中餐宴请，在安排座位时通常应遵循以下原则

🎤 面门为上：面对门的座位为上座，背对门的座位为下座。

🎤 远门为上：远离门的座位为上座，靠近门的座位为下座。

🎤 居中为上：居于中部的座位为上座，两侧的座位为下座。

🎤 居右为上：主人右侧的座位位次高于主人左侧座位的位次。

职场有逻辑
老杜带你聊